大家小书

古典目录学浅说

来新夏 著

北京出版集团公司
北京出版社

图书在版编目（CIP）数据

古典目录学浅说 / 来新夏著. — 北京 : 北京出版社，2016. 7
（大家小书）
ISBN 978-7-200-12069-1

Ⅰ. ①古… Ⅱ. ①来… Ⅲ. ①目录学—研究—中国—古代 Ⅳ. ①G257

中国版本图书馆CIP数据核字（2016）第076979号

总策划：安 东 高立志　　责任编辑：高立志 刘 娜

· 大家小书 ·

古典目录学浅说

GUDIAN MULUXUE QIANSHUO

来新夏 著

*

北京出版集团公司
北京出版社
出版

（北京北三环中路6号 邮政编码：100120）

网 址：www.bph.com.cn

北京出版集团公司总发行

新华书店经销

北京华联印刷有限公司印刷

*

880毫米×1230毫米　32开本　10.75印张　177千字

2016年7月第1版　2018年5月第2次印刷

ISBN 978-7-200-12069-1

定价：49.00元

质量监督电话：010-58572393

序　言

袁行霈

“大家小书”，是一个很俏皮的名称。此所谓“大家”，包括两方面的含义：一、书的作者是大家；二、书是写给大家看的，是大家的读物。所谓“小书”者，只是就其篇幅而言，篇幅显得小一些罢了。若论学术性则不但不轻，有些倒是相当重。其实，篇幅大小也是相对的，一部书十万字，在今天的印刷条件下，似乎算小书，若在老子、孔子的时代，又何尝就小呢？

编辑这套丛书，有一个用意就是节省读者的时间，让读者在较短的时间内获得较多的知识。在信息爆炸的时代，人们要学的东西太多了。补习，遂成为经常的需要。如果不善于补习，东抓一把，西抓一把，今天补这，明天补那，效果未必很好。如果把读书当成吃补药，还会失去读书时应有的那份从容和快乐。这套丛书每本的篇幅都小，读者即使细细地阅读慢慢地体味，也花不了多少时间，可以充分享受读书的乐趣。如果把它们当成补药来吃也行，剂量小，吃起来方便，消化起来也容易。

我们还有一个用意，就是想做一点文化积累的工作。把那些经过时间考验的、读者认同的著作，搜集到一起印刷出版，使之不至于泯没。有些书曾经畅销一时，但现在已经不容易得到；有些书当时或许没有引起很多人注意，但时间证明它们价值不菲。这两类书都需要挖掘出来，让它们重现光芒。科技类的图书偏重实用，一过时就不会有太多读者了，除了研究科技史的人还要用到之外。人文科学则不然，有许多书是常读常新的。然而，这套丛书也不都是旧书的重版，我们也想请一些著名的学者新写一些学术性和普及性兼备的小书，以满足读者日益增长的需求。

“大家小书”的开本不大，读者可以揣进衣兜里，随时随地掏出来读上几页。在路边等人的时候，在排队买戏票的时候，在车上、在公园里，都可以读。这样的读者多了，会为社会增添一些文化的色彩和学习的气氛，岂不是一件好事吗？

“大家小书”出版在即，出版社同志命我撰序说明原委。既然这套丛书标示书之小，序言当然也应以短小为宜。该说的都说了，就此搁笔吧。

一定要懂点目录学

徐　刚

《老子》这样描述人们对待“道”的态度：“上士闻道，谨而行之；中士闻道，若存若亡；下士闻道，大笑之，不笑不足以为道。”这句话用来说目录学，倒也非常贴切。初次听说“目录学”这个名字，恐怕很少有不发笑的，“目录”还需要“学”吗？我在早年也是其中之一，但随着自己的不断摸索和积累，我认识到在我国传统学术中，目录学不但是一门非常重要的学问，而且可以是一门非常深刻的学问。可惜这种重要性和深刻性，往往不为一般人所知。究其原因，多少是由于“目录”这一名词，在今天已经变成单纯指书名或书中章节名称的汇编了。

其实“目录”这个名词，在古代有非常丰富的含义。它至少包含两大部分：一是“目”，二是“录”。“目”又包括两个方面：一是书名或篇名，二是篇次。一本书中的篇次听起来好像很简单，无关紧要，但在古代，尤其是先秦时代，古书多单篇别行，不像今人出书方便，动辄写一本书，早期的书都是经过后人编辑整理的。因此篇次就隐含了编者的态度，体现了他是如何通过篇目的组织来表现古人的思想的。“录”也包括两个方面：一是一本书的叙录，主要叙述书的内容、作者、写作因缘，甚至对书的评价，水平高的叙录相当于一篇优秀的书评，是言简意赅的小论文；二是一类书的叙录，即把图书按照某种标准进行分类，并对每一类书的特点、源流、分合等情况作提纲挈领式的论述，实际上体现了作者对于整个学术史的理解和总体把握。

可见，一部优秀的目录著作，不仅要对古今图书进行系统性的分类，而且能够体现古今学术演变的基本脉络。如果缺乏对于传统学术变迁大势的深刻理解，是写不出好的目录著作的。正是在这个意义上，清代伟大的学者章学诚提出，目录学的主要任务应当是“辨章学术，考镜源流”。

相应的，我们也就不难理解，研究“目录”的“目录学”至少也包含两个层次的研究：一是考察古代目录著作的基本内容，其编纂方式，以及历史演变等等；二是根据这些目录著作来研究古今学术演变的源流。这两个方面都很重要，前者是基础性的工作，后者的要求相对较高，需要比较深厚的学术积累和史学识断。我国古代的高水平的目录著作，往往能体现作者对于古今学术演变的研究心得，因此，它们既是目录著作，也是目录学著作。

一般认为，传统的目录学著作，始于汉代刘向、刘歆父子因整理宫廷藏书而撰写的《别录》和《七略》。但应当注意的是，《别录》和《七略》其实大不相同。《汉书·艺文志》说，刘向整理图书："每一书已，向辄条其篇目，撮其指意，录而奏之。会向卒，哀帝复使向子奉车都尉歆卒父业。歆于是总群书而奏其《七略》，故有辑略，有六艺略，有诸子略，有诗赋略，有兵书略，有术数略，有方技略。"可见刘向的《别录》止于给每一部书撰写叙录，还体现不出学术变迁大势的宏观深旨，刘歆的《七略》才是真正对学术源流做出了总体阐述的目录学著作。可以说，《别录》是《七略》的前提，《七略》是《别录》的升华，它将目录工作升华到了目录学的高度（《七略》虽已失传，但其主要成果还保存在班固的《汉书·艺文志》中）。

不过，真正有意识地将目录作为研究对象的，还要数宋代的郑樵，他的《通志·校雠略》是具有理论开创性的著作；而真正能够代表我国传统目录学成就的，无疑是清代学者章学诚的《文史通义》。这部智慧的著作，即便在今天读来，仍然让人感到胜义纷呈，精彩绝伦。近代以来，在目录学上造诣最精深的，要数余嘉锡先生的《目录学发微》和《古书通例》这两部著作，尤其在古书通例的研究上，余先生的成就已经卓然超出前人，而且其结论基本上已经被今天大量的出土文献所证明，令人不能不佩服其真知灼见。

可惜余先生的著作，无论在内容上还是在语言上，对于今天的普通读者来说，恐怕都已经不太好懂。来新夏先生的这部《古典目录学浅说》，原是他在南开大学等高校历史系针对初学者的入门讲义，因此，其重点放在叙述古代目录著作的类别体制、编撰过程和历史演变上；扎实严谨，又简明朴实，初学者正可以由此了解目录学的基本知识。后面还专列一章，讲述目录学与分类学、版本学和校勘学等相关学科之间的关系，对于初涉我国传统学术的读者，无疑也会有很大帮助。如果读者也想同时了解一点学术史，那么，也可以再读读北大中文系高路明先生的《古籍目录与学术源流》，那也是一部简明扼要的著作，值得参考。

最后，再稍稍谈一点传统目录学的一个核心问题，即古书类例的问题，希望能引起读者和研究者的注意，欢迎大家批评。

由于目录著作中的学术史观点常常是通过对于图书的分类来体现的，如郑樵所说，“类例既分，学术自明”（《通志·校雠略》)。因此，以前的目录学著作的重心，往往集中在分类法的变迁上：从《七略》的六分法开始，到西晋甲乙丙丁四部分类法的出现，再到《隋书·经籍志》经史子集四部分类法的确立，最后是《四库全书》集四部分类法之大成。这的确是很重要的一条线索，不过，我总认为，从六分法到四分法，虽然有合理的成分，但绝不是理想的分类，甚至远不能概括学术演变的总体格局。例如《七略》的六分法，实际由两大部分组成，前三类六艺、诸子、诗赋，是人文学科，后三类兵书、术数、方技，是实用学科，四分法砍掉了后面一半，把后三类一股脑儿都划入子部，明显是轻视实用技术，子部实际上成了一个大杂烩。这至少引起两方面的问题：

一是四分法本身的子部与集部的矛盾。子部与集部其实都是古人的文集，其区别在于子部重思想，集部重辞章。这是继承了《七略》区分诸子略与诗赋略的思想。但自从子部变成这样一个大杂烩，诸子的概念基本上就变成了以时代为限，后世虽然也有以思想为主的子书，但基本上都被划入了集部。因此四分法的子部变成了大杂烩，集部也难以区分思想和辞章。以致余嘉锡先生有古之诸子即后世之文集的说法。这对造成我们思想上厚古薄今的传统恐怕不能说没有关系。

二是术数、方技之学在后世的地位受到忽视，这是很不应该的。因为这些东西关系到古人生活与思想的各个方面，对古人的生活关系最密切，而且涉及到道教、佛教等宗教问题。这是一个连续的传统，从古至今，几乎没有中断过。这种对关乎实用技术和民生问题的著作的偏见，明显受到儒家作为意识形态的影响。但令人奇怪的是，在身处“罢黜百家，独尊儒术”时代的刘向刘歆父子那里，这些著作还能受到应有的重视，不能不说，这也跟学者的识见有关。

另外，古人的目录著作，大多是对现存图书的分类，有其实用性的一面，因而在目录类例的划分上，的确也会考虑各个类例之间数量上的平衡问题。但是，我们也应看到，数量上的平衡，往往也能反映学术上的变化，甚至是非常重要的变化；如果忽视这种数量上的考虑，很可能会让我们看不到学术史上的某些质的变化。例如四分法中的史部，在《七略》中只是作为六艺略中《春秋》小类的附属，今人一般认为，这是因为当时史书的数量不大，不足以独立为一类；而魏晋时期史学大发展，史学著作大量产生，所以史部需要单列一类。这种看法我认为是有问题的。史部之所以独立，固然有数量上的考虑，但同时也反映了西汉以后关于“史”的观念的变化。“史”在西汉以前的传统中，是作为“天官”的一部分而存在，其内容远远超过后世所谓的政与事。李零先生已经指出，后人列在史部的著作，在《七略》中并不只是附属于《春秋》类，其他还有《尚书》类（包括著名的《逸周书》），还有术数略的历谱类（如《帝王诸侯世谱》《古来帝王年谱》）（参见李零《简帛古书与学术源流》，三联书店2008年第2版，第280页）。实际上，古代的典章制度、档案文书、天文历法、巫祝占卜，都属于史的范畴。这种史学理念可以用司马迁的“究天人之际，通古今之变”一语来概括（司马迁就是秉持这样的理念来撰写《史记》的）。因而，《七略》没有单独的史部，正是反映了这个学术传统。魏晋以后，由于史的观念逐渐固定在史事与制度上，同时也涌现了很多撰写当时历史的著作，因而可以跟其他的学术区分开来，独立为一大类。

与此相似的，还有《七略》中的诗赋略与《诗经》的关系。余嘉锡先生就说过：“以《七略》中史部附《春秋》之例推之，则诗赋本当入六艺《诗》家，故班固曰：‘赋者，古诗之流也。’其所以自为一略者，以其篇卷甚多，嫌于末大于本，故不得已而析出。此乃事实使然，与体制源流之说无与也。”（余嘉锡《古书通例》，上海古籍出版社1985年第1版，第64页。）余先生的看法也值得商榷，因为诗赋虽然与《诗经》同源，但从《诗经》到《楚辞》以后的诗赋，之所以会有数量上的膨胀，实际上反映了当时的知识分子开始重视和欣赏辞章这一变化，关系到今天意义上的文学观念的起源问题，不容忽视。说它“与体制源流之说无与”，是我所难以认同的。

因此，研究目录学，我们可能既要以传统目录学的类例分合为依据，不但重视大类的分合，也要重视小类的分合；更要超越这种类例，从学术史、社会史本身的发展演变出发，来重新分析和总结，也许是值得努力的方向。

2014年1月1日夜，书于客旅

1月7日改定

目 录

第一章　目录学概说

第一节　目录与目录学

一、目、录和目录

目录是目和录的合称。

目是指篇名或书名。篇名也称细名或小名；书名也称总名，或大名，或大题。

录是对目的说明和编次，也称序录或书录。它可以作为包括目在内的简称。

把一批篇名（或书名）与说明编次在一起就是目录。目录一词最早见于《七略》所说：“《尚书》有青丝编目录。”[1]

①《昭明文选》卷三八任彦昇《为范始兴作求立太宰碑表》注引《七略》语。

这是指《尚书》一书的目录而言；西汉刘向校书时的“条其篇目”“录而奏之”[①]“别集众录，谓之《别录》”[②]。这是指从编次一书目录到群书目录的全过程。它所谓的录就是包括目在内的简称。而在《汉书·叙传》中所说“爰著目录，略述洪烈，述艺文志第十”一语中的“目录”则是专指群书目录而言。

二、一书目录和群书目录

目录有一书的目录和群书的目录。

一书目录是指把一本书的篇名和说明加以编排，汇集后的成品而言。它比群书目录出现得早。所以，首先应该了解各篇篇名和说明是如何出现的。

古人著书写文章，并不是先立篇目，后写内容，而只是把个人的思想见解发挥成篇就算了。同时，由于简策的书写制度，图书多是单篇流传，所以有无篇目关系不大。但是，渐渐由于要称呼某一篇文章，或者准备把许多篇合为一书而需要有各篇名称时，于是就有了篇名。篇名的出现有两种情况：

---

①《汉书·艺文志》。

②《七录·序》（《广弘明集》卷三）。

一种是对记事和表达思想的篇什所加的篇名，如《尚书》的《洪范》《禹贡》等，可能是整理者根据整篇内容而加的。战国时的诸子书往往为了宣传自己的主张而对自己的著作内容加上能概括全篇要旨的篇名，如荀子的《劝学》、墨子的《兼爱》等等。这种篇名就是目，它本身已反映了篇的内容，实际上包含了录的意义。所以，它可以被认作是一篇的目录。

另一种是后人为了便于称呼，从篇首截取二三字作篇名的，如《诗·魏风》的《伐檀》篇就是从该诗首句“坎坎伐檀兮”中截取来的；有的甚至还截取了破句，如《论语》的《学而》篇就是从第一章首句“学而时习之”中破取出来的。这种“目”很难使人了解篇意。于是后人有必要在篇名下做一简要的说明，如“伐檀：刺贪也。在位贪鄙，无功而受禄，君子不得进仕尔”。前二字类似“目”，后四句类似“录”，合起来就起到了这一篇诗的目录作用。这种诗序也可以说就是目录的雏形。或者说是萌芽时期的目录。

把有关的各篇目录汇集在一起就是一书的目录。最早的一书目录是《周易·十翼》中的《序卦传》。它编次汇总了六十四卦的卦名。清代学者卢文弨曾说：“吾以为《易》之《序卦传》，非即六十四卦之目录欤？《史》《汉》诸序，殆昉于此。”[1]

近代目录学家余嘉锡先生也赞成此说，认为“目录之作，莫古于斯矣”[2]。

其他如把《诗》三百余篇的小序合起来就是《诗》的一书目录。《吕氏春秋·序意》和《淮南子·要略》等也都具有一书目录的性质，而体制完整便用的当推《史》《汉》的一书目录。

《史记·太史公自序》的小序就是一篇完整的《史记》目录。《太史公自序》是由大序和小序两大部分组成的。大序是自述——说明家世、学历、仕历、学术观点、编纂旨趣和体例等等；小序则是依次写了每一篇的篇名和要旨，也就是目录。它是读《史记》全书的锁钥。这里举出一条来加以说明，如：

“秦失其道，豪杰并扰；项梁业之，子羽接之；杀庆（庆通卿，指卿子将军宋义）救赵（指秦汉之际赵歇称王的赵，当时秦章邯围赵于巨鹿，诸侯救援，宋义采取旁观态度，项羽杀宋义夺取兵权而救赵），诸侯立之；诛婴（秦孺子婴）背

---

① 清卢文弨：《钟山札记》卷四。
② 余嘉锡：《目录学发微》七《目录学源流考》上。

怀（楚怀王），天下非之。作《项羽本纪》第七。”

这是一条很出色的一篇目录。前八句是“录”。它概括了全篇文章的要旨；既叙述了项羽的主要业绩，又评论了项羽的功过是非。同时，作者撰传的意旨也表达出来了。最后一句是“目”，确定了篇名和编次。把这样的二百三十条篇目集合排次在一起，就成为《史记》的一书目录。

班固《汉书》的《叙传》下篇也是仿此体例而写，成为《汉书》的一书目录。

史汉的这个一书目录编列在全书之末，而现在传本中书前面的书目，只有篇名而无叙录，即只有目而无录，乃是唐初以来由后人所加以备翻检的。清代学者卢文弨在《钟山札记》卷四中作了详尽的说明道：

“《史记》《汉书》书前之有目录，自有版本以来即有之，为便于检阅耳。然于二书之本旨，所失多矣。夫《太史公自序》即《史记》之目录也；班固之《叙传》，即《汉书》之目录也。乃后人以其艰于寻求，而复为之条例以系其首，后人又误认书前之目录即以为作者所自定，致有据之妄訾謷本书者。”

《史记》书前的目录，据《隋书·经籍志》史部正史类著录“《史记》目录一卷”的情况看，可能在唐初已经增入了。正史中自写目录置于卷首是从范晔的《后汉书》开始。后来的各史，除梁、陈二书是后来所加外，都是自列的。

一书的目录，对于检读一本书很方便有用；但要了解某类典籍有哪些书，某些书的大致情况如何以及怎样找到自己所需要的书等等问题，就必须求助于群书的目录。

群书的目录是指诸书书名和叙录的总聚而言。群书目录正是目录学研究的主要对象之一。

三、群书目录的产生

群书目录的产生，是在我国图书事业的兴起、发展和图书数量增加的前提下，由于政治上的需要而促成的。

我国最早的专科性图书目录《兵录》在汉武帝时的出现，绝非偶然。当时，经过汉初几十年的恢复、稳定，政权比较稳固，有余力、有必要从事一些文化建设来加强思想统治，于是便在"罢黜百家，独尊儒术"的总口号下，以"书缺简脱，礼坏乐崩"为理由在政府主持下开展求书运动，并制定了相应的政策："建藏书之策，置写书之官，下及诸子传说，皆充秘府。"[①]图书大量增加，达到了"积如丘山"[②]

①《汉书·艺文志·序》。

②《太平御览》卷六一九引《七略》。

的程度。这就为群书目录的产生提供了先决条件。而汉武帝为使全国更加统一和扩大，以实现封建帝国的大一统，便连年对四方用兵，从而很需要军事参考资料；但丘山般的简书实在无法检索，所以就命“军政杨仆捃摭遗逸，纪奏《兵录》”[①]。《兵录》虽是一部不完备的专科目录，而且已久佚；但它终究是最早出现的一部群书目录。

群书目录的产生和发展，还和我国的书写制度有关。

我国最早的图书——简策是以竹木作书写材料的。后来，缣帛和纸又相继被使用。根据文献记载和出土文物，大约从殷商[②]至公元后三、四世纪是使用竹木简牍期；从春秋战国以来至公元后五、六世纪是缣帛先和简牍后和纸并用时期[③]，从东汉以后纸就逐渐成为主要的书写材料。

简的材料是经过一定程序泡制的竹子，即先将竹截成一定长度，再剖成一定宽度，成为一根根的简，再经过火烤脱水（这种技术处理称为“杀青”或“汗青”）来防朽蠹，

---

①《汉书·艺文志》兵书小序。

②《尚书·多士》篇周公对殷贵族说：“惟殷先人，有册有典。”

③《韩非子》：“先王寄理于竹帛”；《墨子》：“书之竹帛，镂之金石，传遗后世子孙。”《晏子春秋》记齐景公对晏子说：“昔吾先君桓公予管仲，孤与谷，其县十七，著之竹帛，申之以等。”这些记载可证用帛起于春秋战国，竹帛并称说明二者并用。

然后就成为可以写字的书写材料。每条简长的有二尺四寸左右，用来写重要书籍如儒家经书和政府法令等，以示尊敬；短的有八九寸，用来写次要书籍如诸子书等，以便翻阅。王充在《论衡》中所说："大者为经，小者为传记"，就指此事。每简的字数不一，少者二字，多者达百余字[①]，一般在几十字左右。汉简上的字比较多，从现存实物看，汉简有一面写，还有二面写的，每简写一至二行，也有上半大字一行，下半小字四行的，字体在楷隶之间。一九七二年山东临沂银雀山发掘到的汉简，一号墓的竹简大多是兵书（其中有久已失传的《孙膑兵法》即《齐孙子》），整简每枚长27.6厘米（八九寸），宽0.5—0.9厘米，厚 0.1—0.2厘米，可见诸子书是用短简。二号墓出土竹简《汉武帝元光元年历谱》共32枚，基本完整，每枚长69厘米（二尺一二寸），宽1厘米，厚0.2厘米，可能因为这是由国家颁布的正式历书，所以用长简。简上的字是墨写隶书，一个文件或一篇文章往往需要有许多简，把若干简用麻绳、丝绳或者牛皮绳（韦）编在一起，连二三道，多者有五道，就成为册，甲骨文中的册字便是册的象形

---

① 马王堆汉墓中的"遗策"简上最少的只写两个字。武威出土的《仪礼》简上有多至一百二十三个字的。

字。这连简以末简为中轴，从左向右卷成一卷来保存，这就是一卷书。

用木片做书写材料的称“牍”，它主要用来写信，长度是汉尺一尺，所以后世称信札为“尺牍”。在外面加上一块空白的“牍”称为“检”，当作信封，用绳捆好，在检上签上名字叫“署”。在检的中间有一块微凹的方块叫“函”，所以后世也称信件为“函”。捆绳在“函”处打结，用泥封上，加盖印章，以免别人拆阅，这叫作“封”，也称“泥封”，这块盖了印章的泥封叫作“封泥”（清人吴式芬有《封泥考略》一书）所以后世就以“封”作为信件的计量单位。如果是方形木板就称为“方”，一般用来写不到百字的文章。用来画图的称为“版”，民间为标明土地所有权，用“版”来画土地的四至。国家用“版”来画疆域，所以后世称领土为“版图”。版也用来登记户口，称为“户版”，所以户口册也称“版籍”①。

简牍比较笨重，使用不便，而缣帛比较轻便易用，所以稍晚于简牍，缣帛就成为一种新起的书写材料与简牍相辅使用。帛长一般一丈二尺为一卷，舒卷较易；但终因丝织品比竹木价昂，所以一直未能取代简牍而成为主要书写材料。直到东

---

① 参阅王国维：《简牍检署考》（罗振玉《流沙坠简》）。

晋之末，桓玄在一道命令中才正式宣布以纸来代替竹木简牍。[①]后来纸就成为主要书写材料，相沿至今。从笨重的竹、木简到轻便的帛、纸的这种发展变化，的确是书写制度上的一大进步，但在检索使用方面，仍有很大困难。有些卷书虽然在外端有标上书名、篇名的小笺[②]，可以减去舒卷的麻烦，但要检索大量藏书卷，从中寻求所需的书，还是不便，于是需要用书本形式把藏书名笺的内容登录下来，这就使得群书目录不断产生和发展。

杨仆的《兵录》是最早一部专科性的群书目录。但是除了《汉书·艺文志》和《太平御览》中几乎相似的几句话以外，没有更多的文献资料可使我们对《兵录》有更多的具体了解，从而也难以进行论述。根据现有资料，对图书进行一次有领导的、大规模的、较全面的整理和编制群书目录工作的仍应以汉成帝时刘向等所领导的校书运动为最早。刘向等经过二十年左右的辛勤工作，创立了一整套编制群书目录的程

---

①《初学记》卷二一引《桓玄伪事》记桓玄于东晋末曾下令说："古无纸，故用简，非主于敬也。今诸用简者，皆以黄纸代之。"

② 旧例小题在上，大题在下，即篇名在上，书名在下。后来的线装书中还有沿用此例的。

序，即“条其篇目，撮其旨意，录而奏之”[①]，并集合各篇书录撰成了综合性群书目录的开创性著作《别录》。刘向的儿子刘歆又继承父业，在《别录》的基础上，以较快的速度撰成了一部比较正规的综合性目录《七略》。这两部书具有很高的学术水平，可惜原书久佚，仅有清人的辑本。所幸班固把《七略》“今删其要以备篇籍”[②]，改写成《艺文志》列入了《汉书》成为现存最早的一部综合性群书目录，使后人可以略窥《七略》之遗，而《艺文志》的体裁又开创了史志目录的新体裁，树立了群书目录的一个新类别。

这种群书目录比一书目录仅便检阅一书的功效要大得多。它对求书、读书、治学和研究都起着一定的辅助作用。

自刘向、班固以后，群书目录的编纂工作历代相延不断，成为我国图书事业中一项有悠久历史传统的工作。

四、目录学的兴起与发展

《别录》是综合性群书目录的开创著作，《七略》是比较正规的综合性群书目录，《汉书·艺文志》则是现存最早一部

①《汉书·艺文志·序》。

②《汉书·艺文志·序》。

完整的群书目录。但是，它们的撰者——刘向父子和班固并不只局限于登录图书，编制书目，而是进行了大量的学术研究工作。现从残存的几篇书录和《汉书》的内容来考察，他们以广搜异本，校雠异同来确立定本；以勘定篇次，分类立目来分析和辨明学术流派、评论图书，以撰写书录来表达学术观点，指导后学以门径。他们把单纯的编目工作提高到了学术研究的高度，使编制群书目录的过程成为建立学科的过程，为后学创建了规制。因此，我国古典目录学是伴随着这几部著名的群书目录的撰著而兴起的。这些著作为我国古典目录学奠定了第一块础石。

魏晋以来，目录学依然在刘向的规制之下向前发展，如吴国孙休即位后即任命韦曜（昭）“依刘向故事，校定众书”[①]。西晋的目录学家荀勖主持了一次与刘向校书规模相似的校书运动，也仍是“依刘向别录，整理记籍”[②]。群书目录也随之日益增多与完备。《七录》之立簿录部，《隋书·经籍志》史部之立簿录类，《旧唐志》史部的立目录类，都反映了群书目录发展增多的情况。

---

①《三国志·吴书》卷二〇《韦曜传》。

②《晋书》卷三九《荀勖传》。

虽然，从刘向以来已在事实上进行着目录学的工作；但是，目录学作为一门专门学提出来却是较晚的事情。过去有人认为，“目录学”之成词，始见于清乾隆间王鸣盛之《十七史商榷》[①]。这一说法似嫌过晚。因为宋人苏象先为述其祖父苏颂遗训遗事的《苏魏公谭训》卷四中就已有“目录之学”的说法，《谭训》中说，“祖父谒王原叔，因论政事。仲至侍侧，原叔令检书史，指之曰：此儿有目录之学”[②]。

这段话中的“祖父”指苏颂，原叔是宋初王洙（太宗至道三年生，仁宗嘉祐二年卒，公元997—1057年）的字，仲至是王洙子王钦臣的字。可见目录学作为一个学科的专词当始于北宋初年。

宋代目录学工作是有显著成绩的，它不仅表现在出现一些著名的官私目录，而且还开展了目录学理论的研究工作。郑樵虽然不承认目录学的名称，但他所撰《通志·校雠略》应说是目录学理论研究的名著。元、明二代，继续有所发展，而到清代，目录学几乎成为一时的“显学”，许多著名学者无不涉其藩篱，有关著作和群书目录大量问世，甚至有些学者以毕生精

① 姚名达：《中国目录学史》。
②《苏魏公谭训》共十卷，有清道光刊本。

力致力于此。若干与目录学有关的学科如版本、校勘、考证等学也都蔚为专学，使目录学呈现出空前的昌盛景象。

虽然如此，但从宋以来，有些学者却仍认为目录只是记撰人、分篇帙、识书名、别版本而已，不能单独成学，并认为应称校雠学，而将目录学包括在内。宋代学者郑樵撰《通志》，立《校雠略》论图书搜求、整理、编目等事，但不取目录之名以明个人旨趣；清初学者全祖望在所撰《丛书楼书目序》中力贬目录学的地位说："今世有所谓书目之学者矣，记其撰人之时代，分帙之簿翻，以资口给。即其有得于此者，亦不过以为捋撦獭祭之用。"①

乾嘉时学者章学诚则标举校雠学以否定目录学的存在。他说："校雠之学，自刘氏父子，渊源流别，最为推见古人大体，而校订字句则其小焉者也。绝学不传，千载而后，郑樵始有窥见，特著校雠之略而未尽其奥，人亦无由知之。世之论校雠者，惟争辩于行墨字句之间，不复知有渊源流别矣。近人不得其说，而于古书有篇卷参差，叙例同异当考辨者，乃谓古人别有目录之学，真属诧闻。"②

---

① 清全祖望：《鲒埼亭集》卷三二。

② 清章学诚：《章氏遗书》外篇卷一《信摭》。

清季学者朱一新也认为目录无需作为专门之学，他说：

“目录校雠之学所以可贵，非专以审订文字异同为校雠也。……世徒以审订文字为校雠，而校雠之途隘；以甲乙簿为目录而目录之学转为无用。多识书名，辨别版本，一书估优为之，何待学者乎？”①

近人张舜徽氏承郑、章诸说又加以发挥。他主张用校雠大名可统目录小名，而不采取目录学的专名。他说：

“夫目录既由校雠而来，则称举大名，自足统其小号。自向、歆父子而后，惟郑樵、章学诚深通斯旨，故郑氏为书以明群籍类例，章氏为书以辨学术流别，但以校雠标目，而不取目录立名，最为能见其大。”②

他更进而申言目录不能自立为学，而应并立目录、版本、校勘之学以共统于校雠学之下。他说：

“近世学者于审定书籍，约分三途：奉正史艺文、经籍志及私家簿录数部，号为目录之学；强记宋元行格，断断于刻印早晚，号为版本之学；罗致副本，汲汲于考订文字异同，号为

---

① 清朱一新：《无邪堂答问》卷二。

② 张舜徽：《广校雠略》卷一《校雠名义及封域论·论目录学名义之非》。

校勘之学。然揆之古初，实不然也。盖三者俱校雠之事，必相辅为用，其效始著，否则析之愈精，逃之愈巧，亦无贵乎斯役矣。”①

他又说：

“目录、版本、校勘，皆校雠家事也。……后世为流略之学者，多不识校雠而好言目录，此大谬也。稽之古初，因校书而叙目录，自刘《略》、荀《簿》、王《志》、阮《录》，靡不皆然。盖举其学斯为校雠，论其书则曰目录，二者相因犹训诂之与传注。训诂者，其学也；传注者，其书也。目录而可自立为学，将传注笺解义疏之流亦可别自为学乎？”②。

郑、章以来各说，虽各有所见；但是，这些说法都是先由自己对目录学赋予一不完整的概念，然后再由自己加以驳论。这一点似乎不足以服人。近代目录学家余嘉锡先生就从正名的角度表示了异议，指出了郑、章、朱等人概念上的不确切。他说：

“据《风俗通》引刘向《别录》，释校雠之义，言校其上下得谬误为校，则校雠正是审订文字。渔仲（郑樵）、实

① 张舜徽：《广校雠略》卷一《校雠名义及封域论·论目录版本校勘皆校雠之事》。张氏近年所撰《中国校雠学叙论》重申此说。（《华中师院学报》1979年第1期）。

② 同上。

斋（章学诚）著书论目录之学，而目为校雠，命名已误。朱氏之说非也。特目录不专是校雠、版本耳！”①

余先生之说颇得刘向原意。因此目录学自可独立成学，固无需代以校雠学之名。其理由是：

（1）所谓“校雠”，刘向《别录》早有明确解释说：

“一人读书，校其上下，得其谬误为校；一人持本，一人读书，若怨家相对为雠。”②

这段解释说明校雠就是指校勘文字篇卷的错误。它是刘向整理图书工作的一道工序，不能表明全过程。郑、章诸人弃刘向解释的原意，强引校雠之名，然后自赋新义，复借以废目录学之名。

（2）郑、章、朱等人不从目录学实际考察，强以己意赋予目录学以特定界说。他们认为目录学是“书目之学”，只不过是“记其撰人之年代，分帙之簿翻”，“多识书名，辨别版本”而已，不细察目录包括哪些具体内容和经过哪些程序撰成。如果目录学诚如诸人所赋界说，那实在可以不称为目录学。实际上，刘向早已经把目录学的含义作了概括说明，那就

---

① 余嘉锡：《目录学发微·目录学之意义及其功用》。

②《昭明文选·魏都赋》注：《太平御览》卷六一八“读书”作“读析”。

是“条其篇目，撮其指意，录而奏之”，然后“别集众录”而成书。那就是说，全部工作要经过整理篇次，校正文字，辨明学术，介绍梗概，撰写书录，最后把全过程的成果集中反映为目录。其全部工作过程既用目录之名来概括，那么，对所以达成最后成果的各个研究环节总称之为目录学又有何不可呢？

（3）张舜徽氏认为“举其学斯为校雠，论其书则曰目录”，所以主张称校雠学而不称目录学。这也是难以同意的，因为“书”，毫无疑义地是全部治学活动的文字总结，既然承认集中反映全过程的书能称“目录”，那么为完成目录书而展开的全部治学活动为什么又不能称为目录学呢？

因此，目录学不特其名足以成立，即其学也实有可资研究而应成为独立的专门学科。

古典目录学是目录学的一部分，它的时间断限是从目录事业兴起的西汉开始，直至近代图书目录学的逐渐兴起。它的历程大体上和中国封建社会相终始。因此，中国封建社会的目录事业、目录工作和目录学研究状况便成为古典目录学的主要研究对象，至于近现代以来目录事业新的发展变化，目录工作的革新和目录学基本知识在现实编目工作中的应用诸问题在本书中就不多加涉及了。

中国封建社会的目录工作，大部分与历代的校书运动和官修制度相联系，因此，古典目录学有必要探讨和论述历朝有关校书的措施和所兴办的某些事业。

中国封建社会的目录工作，有着悠久的发展历史，创造和积累了一些经验，纂著了大量的目录书和目录学著作，不断出现一些在目录工作和目录学研究方面作出贡献的目录学家。因此，简述它的历史发展，介绍著名目录学家和目录学名著，概括和总结其经验也是古典目录学应加探讨和研究的主要内容之一。

中国封建社会的目录工作，从一开始就不是单纯技术性的图书登录工作，而是从学术研究的角度着眼，这种传统一直延续下来，即以编制群书目录而言，它有着一整套的工作程序——从广搜异本、比勘同异、考定是非、类次归属、撰写书录到编制目录。这套程序必然牵涉到若干相关学科，如版本、校勘、分类、考证等等。这些相关学科虽然随着时代和本身的发展而将逐渐成为独立的专门之学，但在古典目录学中，它们却是不可缺少的相关部分，因此也有必要对这些相关学科的源流、发展、基本方法和经验加以概括论述。

总之，古典目录学既要对我国古代文化史上这一重要领域的历史传统和成就加以概括综述，也要提供足资现代目录工作和目录学研究等方面参考的经验，把我国的目录事业推向前进。

第二节　古典目录书的类别

古典目录书，从西汉杨仆和刘氏父子编纂《兵录》《别录》《七略》以来，随着图书量的增加和目录事业的发展，历代相继又有所纂著，积有一定的数量。根据汪辟疆《目录学研究》一书的统计，从汉魏时起至明末止，计官书目录有六十种，私家目录有七十七种，史家目录有十四种，共一百五十一种。这个数字只能说是近似的约计。因为他没有把释家目录、金石目录和地方目录等等都计算在内，而如宋人高似孙所撰的《子略》等也未见收。近人孙殿起的《贩书偶记》的正续编中著录了清以来的目录书有一百五十五种。姑且综计汪、孙二氏的约计已有三百余种，而实际数量当不止此。

这些目录书，究竟如何区分其类别呢？清人汤纪尚在《周郑堂别传》中曾分为三类说：

“目录之书，权舆中垒（刘向曾官中垒校尉，意即始于刘向《别录》）。流派有三：曰朝廷官簿、曰私家解题、曰史家著录。”[①]

---

① 清汤纪尚：《盘薖文乙集》下。

这是按纂集工作的体制来区分的。所谓朝廷官簿指由国家主持，对国家藏书加以整理并编制成目的目录书而言，也可以称为国家图书目录或官修目录；所谓私家解题是指私人藏书家或学者对私藏按不同情况，用不同方法而编制的目录书而言。这是目录书中包含最丰富，体例最多样的一类目录书。所谓史氏著录主要是指正史中的艺文志或经籍志而言，它有的是官修，有的是私编，但是由于正史自成体系，正史中这类目录，有的原有，有的原缺也已由后人做了补志，基本上构成一个上下通贯的整体，所以应该独成一类，另外再加入国史目录和专史目录可以统名为史志目录。至于索引和类书，往往不被列为目录书，但我认为索引是一种篇目和资料的目录，而类书从指引资料来源角度看也具有资料目录的性质和作用。因此在最后单列一《附说》来加以说明。

一、国家图书目录

国家图书目录，一称官修目录，是由政府主持对国家藏书进行整理后所编制的一种目录。我国从西汉开始，几乎每个朝代都有在政府主持下进行规模较大的图书整理工作，这在文献记载上称为“校书”，最后用文字记录下来的整理成果就是国家图书目录。汉武帝时杨仆奉命“纪奏《兵录》”，汉成帝时刘向父子编撰的《别录》和《七略》就是这类目录书的开创性著作。其后各个朝代都编有这类目录，主要如：

（1）魏《中经》，魏郑默撰，已佚。

（2）晋《中经新簿》，西晋荀勖撰，已佚。

（3）晋《元帝四部书目》，东晋李充撰，已佚。

（4）宋《元嘉八年四部目录》，旧题宋谢灵运撰，已佚。（此目应作殷淳撰）

（5）宋《元徽四年四部书目录》，宋王俭撰，已佚。

（6）齐《永明元年四部目录》，齐王亮、谢朏撰，已佚。

（7）梁《文德殿四部目录》，梁刘孝标撰，已佚。

（8）隋《开皇四年四部目录》，隋牛弘撰，已佚。

（9）隋《大业正御书目录》，隋柳䛒撰，已佚。

（10）唐《群书四录》，唐殷践猷撰，已佚。

（11）唐《古今书录》，唐毋煚撰，已佚。

（12）宋《崇文总目》，宋王尧臣撰，已佚。清钱东垣等有《辑释》五卷，《补遗》一卷。

（13）宋《中兴馆阁书目》，宋陈骙撰，已佚。现有赵士炜的《中兴馆阁书目辑考》五卷。

（14）宋《中兴馆阁续书目》，宋张攀撰，已佚。现有赵士炜的《中兴馆阁续书目辑考》一卷。

（15）明《文渊阁书目》，明杨士奇撰，今存。

（16）清《四库全书总目》，清纪昀撰，今存。

（17）清《天禄琳琅书目》正续，敕撰，今存。

《四库全书总目》是这类目录书中最出色的代表作。

《总目》是清乾隆三十七年至四十七年间纂集《四库全书》时的相连产物。全书二百卷。在目录书中除了唐《群书四录》有二百卷外，别无他书，而《群书四录》久佚，难得其详，所以《四库全书总目》可以说是古典目录书中篇帙最大的现存的唯一巨著。全目共著录古籍三千四百六十一种，七万九千三百零九卷；存目六千七百九十三种，九万三千五百五十一卷，有四百零一部无卷数，比唐《古今书录》著录的八二三八四卷增加了一倍多。它有总序、小序和提要。提要不仅“叙作者之爵里、详典籍之源流”，而且还“旁通曲证”“剖析条流”“辨章学术”[①]，可以说是一部体例比较完备、内容比较丰富和具有一定学术价值的目录书。它不仅是国家目录中的代表作，而且也是对十八世纪以前的学术进行一次总结的学术性著作。

《总目》篇帙过大，所以又简编了《四库全书简明目

① 余嘉锡：《四库提要辨证·序录》。

录》，有二十卷，无总序和小序。有些子目附入简按，颇便翻检。鲁迅曾介绍它是“现有的较好的书籍之批评”。同时，又指出要注意这些批评是“钦定”的（即由皇帝所批准），这是对《简目》的全面评价[①]。

二、史志目录

这是指正史中的“艺文志”“经籍志”和有些朝代的“国史经籍志”一类目录书以及某些政书中的目录书而言。它大多依靠官修目录和私家目录而撰成。二十四史中就有六部这样的目录书：

①《汉书·艺文志》

②《隋书·经籍志》

③《旧唐书·经籍志》

④《新唐书·艺文志》

⑤《宋史·艺文志》

⑥《明史·艺文志》

另外，宋朝的制度在编撰国史时也根据馆阁藏书书目编《艺文志》，按所包朝代命名。北宋从太祖至钦宗分编为三

① 许寿裳：《亡友鲁迅印象记》二三《和我的友谊》。

朝、两朝、四朝等国史艺文志，各类都有序，各书都有解题，成为后来编撰《宋史·艺文志》时北宋部分的主要依据，其书虽已不得见，但《宋史·艺文志》序中曾记其事说：

“始太祖、太宗、真宗三朝，三千三百二十七部，三万九千一百四十二卷。次仁、英两朝，一千四百七十二部，八千四百四十六卷。次神、哲、徽、钦四朝，一千九百六部，二万六千二百八十九卷。三朝所录，则两朝不复登载，而录其所未有者。四朝于两朝亦然。最其当时之目，为部六千七百有五，为卷七万三千八百七十有七焉。”

南宋还有包括高宗、孝宗、光宗、宁宗四朝的《中兴国史艺文志》。[①] 明代学者焦竑也于万历时有明《国史经籍志》之作。这些国史目录是在正史目录体启发之下而又为正史目录提供依据所撰的一种目录书。

在一些专史中也有目录部分，如郑樵《通志》的《艺文略》、马端临《文献通考》的《经籍考》都是。

正史目录、国史目录和专史目录是史志目录的三个主要构成部分，而以正史目录为主；但是正史目录所缺甚多，因此，清以来学者纷纷为作补志，附表如下：

① 元马端临：《文献通考·经籍考》卷二十八。

补志名	撰者	卷数	刊本
补后汉书艺文志	（清）顾櫰三	10	二十五史补编本（小方壶斋丛书二集本作三十一卷）
补后汉书艺文志	（清）侯　康	4	二十五史补编本
后汉艺文志	（清）姚振宗	4	二十五史补编本
补后汉书艺文志附考	曾　朴	补 1 考 10	二十五史补编本
补续汉书艺文志	（清）钱大昭	2	积学斋丛书本（二十五史补编本作一卷）
补侯康后汉书艺文志补	（清）陶宪曾		灵华馆丛稿卷四
三国艺文志	（清）姚振宗	4	二十五史补编本
补三国艺文志	（清）侯　康	4	二十五史补编本
补侯康三国艺文志补	（清）陶宪曾		灵华馆丛稿卷四
补晋书艺文志	（清）秦荣光	4	二十五史补编本
补晋书艺文志（附录、补遗、刊误）	丁国锡 丁　辰	4（附 1、补 1、刊 1）	二十五史补编本
补晋书艺文志	（清）文廷式	6	二十五史补编本
补晋书经籍志	吴士鉴	4	二十五史补编本
补晋书艺文志	黄逢元	4	二十五史补编本

续表

补志名	撰者	卷数	刊本
补南北史艺文志	徐 崇	3	二十五史补编本
补宋书艺文志	（清）王仁俊	1	籀鄦誃杂著本（上海图书馆藏稿本）
补宋书艺文志	聂崇岐	1	二十五史补编本
补南齐书艺文志	陈 述	4	二十五史补编本
补梁书艺文志	（清）王仁俊	1	籀鄦誃杂著本（上海图书馆藏稿本）
补后魏书艺文志	李正奋		北京图书馆藏钞本
隋代艺文志	李正奋	1	北京图书馆藏钞本
南北史合八代史录目	陈汉章		浙江图书馆藏稿本
补五代史艺文志	（清）顾櫰三	1	二十五史补编本
补五代史艺文志	（清）宋祖骏	1	朴学庐丛刻本
宋史艺文志补	（清）黄虞稷 卢文弨	1	二十五史补编本
宋史艺文志	（清）朱文藻		清吟阁书目存钞本 16 册
西夏艺文志	（清）王仁俊	1	二十五史补编本
补辽史艺文志	黄任恒	1	二十五史补编本
辽艺文志	缪荃孙	1	二十五史补编本

续表

补志名	撰者	卷数	刊本
金史补艺文志	郑文焯	1	传钞本
金史艺文略	孙德谦	6	上海图书馆藏稿本
补元史艺文志	（清）钱大昕	4	二十五史补编本
补辽金元艺文志	（清）黄虞稷 卢文弨	1	二十五史补编本
补三史艺文志	（清）金门诏	1	二十五史补编本
明史艺文志	（清）尤　侗	5	西堂全集本
明史经籍志	（清）金门诏	1	金太史全集本

清代许多学者参与了这种补志工作，但并没有想到从上到下贯成一编；反之，日人却在文政八年（清道光五年）汇集了十种正志和补志辑为《八史经籍志》，其中除六部正志外，再加上《宋史艺文志补》《补辽金元艺文志》《补三史艺文志》《补元史艺文志》等四部补志。因为这十种书涉及八个朝代，所以称为《八史经籍志》。这部合刊目录到光绪四年始在我国由张寿荣刊刻流传。如果我们把正史艺文志和经籍志，加上各种补志，再加上金建德的《司马迁所见书考》的《叙论》和《清史稿·艺文志》进行整理汇编，那就构成了

我国自古以来一部比较完整而正规的图书总目了。

在史志目录中，《汉志》和《隋志》最负盛名。

《汉志》是我国现存古代第一部完整目录书。它主要是删订《七略》而成。它的分类基本上依据《七略》而把《辑略》散入各类，以便读者。全书共分六略、三十八种、五百九十六家、一万三千二百六十九卷。在各种、类后都有小序，叙述学术源流，是研究我国古代图书状况和学术思想的重要著作。

《隋志》是继《汉志》后的一部重要史志目录，是中古时期典籍存亡状况的总结。它是现存最早一部用经史子集区分部属的完整史志目录。但在四部之后，还附道录、佛录，实际上是六大部类。它有总序、部序、类序四十八篇，记典籍聚散和学术源流，为研究中古时期学术、文化的重要著作。

三、私家目录

私家目录是由私人编纂，著录对象基本上是私人藏书。它始于南朝宋王俭的《七志》和梁阮孝绪的《七录》，隋、唐继有所作；但这时期的私家目录大多亡佚。至宋，私家目录有了较显著的发展。直到清代，私家编目之风颇盛，私家目录的数量也最多。

私家目录的范围比较广泛，若从著录的图书来分，大体上可划分为综合目录和专门目录两类。在这两类之下又可按照不同情况略有区分，如综合目录则可分为藏书目录、地方目录、丛书目录和初学目录等；专门目录则可分为专科目录与专书目录等。现简述如次：

（一）综合目录：这是综合群书的一种目录，它按照撰者和用途又可约分为：

（1）藏书目录：这是藏书家对所收藏书的目录。它随着私藏的兴起而产生。我国古代图书多由官藏，私人藏书情况较少。唐代始有较大量藏书的藏书家，并开始自撰藏书目，如吴兢记录家藏图书一万三千四百六十八卷，编为《西斋书目》①。又蒋彧有《新集书目》，杜信有《东斋集籍》②，这些书目都已亡佚。宋代由于雕版印刷已有一定的发展、书籍流通也日益广泛，私人藏书日盛。有人统计自北宋至清末著名藏书家达一千一百余家。③宋人周密曾罗举宋代藏书家有：

“宋承平时，如南都戚氏、历阳沈氏、庐山李氏、九江陈氏、番阳吴氏、王文康、李文正、宋宣献、晁以道、刘壮舆，皆号藏书之富。邯郸李淑五十七类二万三千一百八十

---

① 参阅《新唐志》《郡斋读书志》和两唐书本传。

② 宋郑樵：《通志·艺文略》。

③ 叶昌炽：《藏书纪事诗》。

余卷；田镐三万卷；昭德晁氏二万四千五百卷；南都王仲至四万三千余卷，而类书浩博，若《太平御览》之类，复不与焉。次如曾南丰及李氏山房，亦皆一二万卷。若吾乡故家，如石林叶氏、贺氏，皆藏书至十万卷。其后齐斋倪氏、月河莫氏、竹斋沈氏、程氏、贺氏皆号藏书之家，各不下数万卷，亦皆散失无余。近年惟直斋陈氏书最多，盖尝仕于莆，传录夹漈郑氏、方氏、林氏、吴氏旧书至五万一千一百八十余卷。吾家三世积累，凡有书四万二千余卷，及三代以来金石之刻一千五百余种，庋置书种、志雅二堂，日事校雠，居然籝金之富。”①

这些藏书家有的有书目，有的未著书目。即著有目录的也大多亡佚，现存宋代藏书家著名目录有：

（1）《郡斋读书志》，晁公武撰

（2）《直斋书录解题》，陈振孙撰

（3）《遂初堂书目》，尤袤撰

明代私家目录较宋又有发展，不仅数量多，而且收录范围也有所扩大，如《宝文堂书目》《百川书志》之收录小说、传奇，《绛云楼书目》之收录天主教图书等。现存明代藏书家目

① 宋周密：《齐东野语》。

录主要有：

（1）《古今书刻》，周弘祖撰

（2）《西亭中尉万卷堂书目》，朱勤美撰

（3）《菉竹堂书目》，叶盛撰①

（4）《李蒲汀家藏书目》，李廷相撰

（5）《世善堂藏书目》，陈弟撰

（6）《宝文堂分类书目》，晁瑮撰

（7）《百川书志》，高儒撰

（8）《得月楼书目》，李如一撰

（9）《澹生堂书目》，祁承㸁撰

（10）《澹生堂明人集部目录》，祁承㸁撰

（11）《徐氏家藏书目》（一名《红雨楼书目》），徐𤊹撰

（12）《脉望馆书目》，赵琦美撰

（13）《绛云楼书目》，钱谦益撰

（14）《玄赏斋书目》，董其昌撰

（15）《千顷堂书目》，黄虞稷撰

清代前期，私家藏书风气更盛，而且目录学知识传播益

---

① 清人陆心源在其《仪顾堂题跋》卷五《粤雅堂刻伪菉竹堂书目跋》中曾指出《菉竹堂书目》是从《文渊阁书目》抄撮、改头换面以欺人的。近人王重民在姚名达《中国目录学史》（1957年商务重印本）后记中曾有所辨证。

广，许多藏书家多自撰目录。他们主要采用两种形式：一种是编制目录，著名的如：

（1）《也是园藏书目》，钱曾撰

（2）《述古堂书目》，钱曾撰

（3）《读书敏求记》，钱曾撰

（4）《汲古阁珍藏秘本书目》，毛扆撰

（5）《传是楼书目》，徐乾学撰

（6）《平津馆鉴藏书籍记》（补遗、续编），孙星衍撰

（7）《爱日精庐藏书志》《续志》，张金吾撰

（8）《振绮堂书目》，汪宪撰

另一种形式是题跋。它指撰者对图书所加的要旨综述并加以评论的题识和跋语。这些撰者，既富藏书，又具学识。他们所写的题跋自比一般目录书的质量要高。著名的如吴寿旸的《拜经楼藏书题跋记》和黄丕烈的《士礼居藏书题跋记》《荛圃藏书题识》等。

除了藏书家自编藏书目外，某些学者还为别人的藏书编目，如清初的著名学者黄宗羲于康熙十二年登宁波天一阁观书时，“曾取其流通未广者，钞为书目”[①]，编成一个简目；

① 清黄宗羲：《天一阁藏书记》。

嘉道时的学者刘喜海也因登天一阁览书，编成一部十二卷本的《天一阁书目》[①]，这两部目录书由于无刊本而未获见。另外孙星衍为其宗祠藏书所撰的《孙氏祠堂书目》也是私人撰著中的佳作。

有的学者在自己读书过程中写下了提要或札记，这些资料有的由自己，有的由他人或后人，加以分类编成读书记。这虽无目录之名，但有目录之实。这应是私家目录中学术价值很高的专著。它既可以窥知学者的治学门径，也可供后人翻查参证，如清周中孚的《郑堂读书记》和朱绪曾的《开有益斋读书志》等即是。

私家目录以宋晁公武的《郡斋读书志》和陈振孙的《直斋书录解题》最为后世所推重。

晁志在当时就有繁简二本：一是理宗淳祐九年（1249年）刻的衢州本二十卷；一是淳祐十年（1250年）刻的袁州本四卷。衢本较袁本丰富，但一直罕见。直至清嘉庆时汪士钟刊行后始获流传。袁本有后志、考异、附志，通行于世，四库著录即此本。清光绪十年长沙思贤精舍刊衢本系王先谦以袁本校衢本，最善。晁志以四部分类，各有总记，每一书下具列撰者、

①《文澜学报》第二卷第3、4册。

要旨、学派和篇次。

陈录原为五十六卷，后缺佚，清修四库时从《永乐大典》中辑出，校定为二十二卷，即今传本。它和晁志被后人并尊为宋代私家目录的双璧。它虽不标四部之名，但仍以四部为先后。各书均评述篇帙多寡，作者名氏，并品题得失。《解题》之名一直为后人所采用。

晁志和陈录是私家目录中不可不读的两部目录书。

（2）地方目录：这是把某一地区有关的图书编制成的一种目录书，刘知几《史通》中所举北齐、北周间宋孝王所撰《关东风俗传》中的《坟籍志》似是这类性质的目录①。其记一地图书的专书有明代祁承爜的《两浙著作考》和曹学佺的《蜀中著作记》等。祁书不传，曹书也仅有残本②。

地方目录中值得注意的是方志中的目录。方志是我国文化遗产中的宝贵财富之一，数量很大。最近在编地方志综录时，综计约有八千五百余种，内容包罗万象，丰富多彩。有的方志中就有著录当地人物和与当地有关人物著述的目录，这就是方志目录。最早的方志目录可能是宋高似孙的《剡录》，

---

① 唐刘知几：《史通·书志篇》。

② 残本四卷见《图书馆学季刊》第三卷。

所记为与剡（音扇，今浙江嵊县）地有关的图书文献。后来的方志中也多有艺文或经籍等门类来著录地方著述，清乾隆重刻《归德府志》分所收图书为学宫经籍、名家著述、金石文字、郡县志乘四项，体制比较完备。（这些附在地方志中的目录，由于地方志多为官修，所以应属官修目录一种，为便于叙述，在此连及）有些由私人编撰而单行成书的如清吴庆坻的《杭州艺文志》十卷和孙诒让的《温州经籍志》三十六卷都有参考价值。方志目录的重要性在于它所收录的图书每有为公私目录所摒遗，或本身确有价值而名晦不显的。

地方目录不仅可供求书、检书之用，反映地方学术文化发展的状况，而且还可以借此搜辑、整理地方文献，进而为建立地方文献的体系提供条件，甚至可能从中发掘出重要人物的遗佚著作或非重要人物的有价值著作。如果我们能将方志中的目录按地区汇辑整理，分别编成地方目录汇编，那对学术研究和发掘地方文献，将有很大裨益。

（3）丛书目录，这是出现较晚而利用较广的一种综合目录。它是在丛书大量出现，为使人人能便于使用丛书而编的一种目录。丛书是一种总聚群书的形式。丛书之名比较早地被人使用，如唐朝陆龟蒙的《笠泽丛书》、宋朝王楙的《野客丛书》；但这是诗文或考辨杂著的书名，是撰者自谦所著丛脞细碎，不是总聚群书的意思。那么丛书究竟创始于何时呢？清代乾嘉以来就有学者加以探讨。蒙古族学者法式善认为宋人曾慥的《类说》是丛书之祖。[①]后来，叶名澧承其说。[②]但是，《类说》对所收"每一书各删削原文"[③]，还不能算真正的丛书。当时另一著名学者钱大昕在《跋百川学海》一文中曾以宋度宗咸淳九年（一二七三年）左圭所辑刊的《百川学海》为丛书之始。[④]光绪时，近代目录学家缪荃孙发现了宋宁宗嘉泰元年（一二〇一年）俞鼎孙所辑《儒学警悟》的明钞本，因它早于《百川学海》七十二年，遂推此书为丛书之祖。[⑤]此说相沿不改，几成定说。这些说法，都未脱始于宋的范围。其实，这种总聚众书的体裁起源甚早，《隋志》史部地理类著录的《地理书》就聚合了《山海经》以来一百六十家著述成为专科丛书之始；《地记》也是这类性质，所以四库提要认为这就是"丛书之祖"[⑥]。有人甚至认为《尚书》《礼记》也是丛

---

① 清法式善：《陶庐杂录》卷四第十八条。

② 清叶名澧：《桥西杂记·丛书》。

③《四库全书总目》卷一二三，子部杂家类。

④ 清钱大昕：《潜研堂文集》卷三。

⑤ 缪荃孙：《艺风藏书续记》。

⑥《四库全书总目》卷一二三杂家类杂编之属按。清李调元《童山文集》卷三《函海后序》中也主此说。

书，那就未免太早了，因为一则所集只是各种档案文件或论说，不够丛书的体制，二则所汇集的材料又经剪裁，已自成体系，独成一书，不是丛杂之聚，所以不能视为丛书。总之，丛书之体始于齐梁，但尚不具丛书之名，且系单科丛书。有丛书之名而非丛书之体始于唐陆龟蒙的《笠泽丛书》，现存体制比较完备的综合丛书则以宋俞鼎孙所辑《儒学警悟》为最早。而丛书名体具备则在明代，如《汉魏丛书》《唐宋丛书》等。

丛书在明清两代得到很大的发展。数量激增，最新估计当在三千种左右。[①] 在这样浩繁的书群中去搜检一种需用的书，可以说难以措手，于是嘉庆时顾修首创编录丛书子目之举，辑宋元以来丛书二六一种，成《汇刻书目初编》十册。这是第一部丛书目录。其后续编者继起，著名的有光绪时朱学勤、王懿荣的《汇刻书目》二十册，收书五百六十七种。民国七年，李之鼎增订的《增订丛书举要》，收书一六〇五种，都采用分类排列法。民国十七年沈乾一辑的《丛书书目汇编》收书二〇八六种，改分类为书名字顺，较前改进。但它们有一共同缺点，就是列子目于丛书之下，只能了解某丛书收多少书和什么书，而难以检寻某书或某人

①《中国丛书综录》不计佛学、新学丛书在内，尚有二七九七种。

所著书在何种从书内。所以，在民国二十年前后，就有金步瀛编了《丛书子目索引》，收书四百种；施廷镛又有《丛书子目书名索引》，收书一千二百七十五种。都可以从子目书名来检索收于何种丛书之内，较前大为方便，把丛书子目工作大大推进了一步。解放后，上海图书馆集合了全国四十一个图书馆的馆藏二七九七种，编制了《中国丛书综录》，有《总目分类目录》《子目分类目录》《书名索引》《著者索引》《全国主要图书馆收藏情况表》等内容，它不仅可从丛书之名、子目书名、丛书性质、著者姓名等各方面检索所需图书，而且还是联合目录，可以借附表知道丛书所在处所。这是一部体制完备、便于利用的丛书目录。《中国丛书综录》按其撰者来说，应属国家所修目录，为了叙述方便按其内容性质，缀述于此。

（4）初学目录：古典目录书数量很多，门类又较广，对于一般初学者来说，颇有难于入手之苦，那么究竟应从何发始呢？鲁迅先生在开给一个大学生的书单中开列了《四库全书简明目录》，显然是作为初学目录来推荐的。另外张之洞主编的《书目答问》也可作为初学目录。过去，有些目录学家多以此书作为目录学的蒙学读本。如余嘉锡先生曾对陈垣先生说过，“他的学问是从《书目答问》入手”[①]，他讲授目录学课程也以《书目答问》为课本。当然，现在看来，余先生的主张还可以商讨研究，但终不失为一种经验之谈。

《书目答问》是张之洞任四川学政时为应初学者的需要而拟定的，所以比较简要易读。虽然，这部书由于它产生的时代背景而有较大的局限，有一定的缺陷和过时之感。但是，在还没有撰作这类初学目录前，姑且用它来供初学者作入门读物，至少可以熟悉和掌握一部分古籍的基本情况，作为进一步钻研的阶梯。近人范希曾为它所作的《补正》，更比原作增订多多，尤其值得初学者加以翻读。另外叶德辉所撰《书目答问斠补》[②]则是对《答问》的版本著录内容加以订正和增补，也可参读。

（二）专门目录：这是和综合目录相对称的一种目录。它是专为与某一种专门学科、某一种专书有关的图书所编的目录。它主要有二类：

（1）专科目录：这是把与某一专门学科有关的图书编制起来的一种专目。它比综合目录出现得早，国家图书目录中由汉

---

① 陈垣：《余嘉锡论学杂著·序》。

②《江苏省立苏州图书馆馆刊》第3期（1932年4月）。

武帝时杨仆所编的《兵录》应算是最早的专科目录，可惜没有流传后世，使我们无从知道它的编制体例。这种目录是随着学术发展和目录学日趋分枝而发展增多起来的。如释道典籍、经籍、史籍、文艺书籍、科技书籍……都分别编有自己的专科目录。下面例述数种：

（a）释道目录：释道目录虽是专记释、道二家典籍的专门目录；但在学术研究上，它具有更为广泛的利用价值。《隋志》列于附录，其他目录书多列于子部之末，自成一类。其佛籍单独成为专书体制较备应以东晋释道安的《综理众经目录》为始，此书久佚，但还能从《出三藏记集》中得其大体。它的编制法是“始述名录，铨品译才，标列岁月”[①]。重点放在评论译书水平上，即“诠品译才”，是一部具有书评性质的目录书。现存最早的佛籍目录则是梁释僧祐的《出三藏记集》十五卷。所谓出是译出，三藏是指经、律、论，记集是记录集合，就是记集中土所出翻译经律论的佛籍总目录。全书体制分撰缘起（记佛经与译经的起源）、铨名录（记历代出经名目，以时代撰人分类）、总经序（记各经前序和后序）、述列传（载译经人名传）等四部分。以后各代都撰有佛籍专

①《出三藏记集》卷二。

录，其中著名的有隋费长房撰《开皇三宝录》（一名《历代三宝记》）、唐释道宣的《大唐内典录》和释智昇的《开元释教录》、明释智旭的《阅藏知津》等。

道家典籍的目录，最早可以推原到晋葛洪所撰《抱朴子》卷十九的《遐览篇》。《遐览篇》中列举了一些道书的名目和卷数，但体制并不完备，既无明确分类，又未全注著者姓名。道籍之收录于综合目录从王俭《七志》的《道经录》始。而阮孝绪《七录》的《仙道录》则对道籍加以明显的分类。道籍的专录当推刘宋时道士陆修静所撰《灵宝经目》为最早，唐宋元明各代都有道家目录的编撰，其中著名的如明天启时白云观道士白云霁所撰《道藏目录详注》四卷，虽然只有少数书加略注，不符详注之名，但在道家目录中仍以它为较胜。

（b）经籍目录：经籍在古代一直受到重视，我国最早的正规图书分类中的六大类，其第一类《六艺略》中就以经籍为主，不过当时还包括史籍在内。四部分类以后，经籍仍居首类，但这只是综合目录中的一个组成部分，没有独立成为专科目录。经籍专目，当以《宋史·艺文志》所著录的欧阳伸《经书目录》十一卷为始，而其代表作自推清初朱彝尊的《经义考》。朱彝尊从康熙中归隐后，就仿马端临《文献通考·经籍考》之例，加以发展，经过近二十年的努力，撰《经义存亡考》三百卷，分二十六类，以书名为序，附注历代著录，撰、注者，并于前人注存和佚之外，又增阙和未见二项，更录序跋及诸家书评，体制可称大备，乾隆二十年刊行时定名为《经义考》。它不仅为几千年的经籍作了总括，对学术研究提供了方便，而且影响很大。章学诚撰《史籍考》的动议及后人的《经义考》续补之作都可作明证。当时对人少所许可的学者毛奇龄也称誉此作"非博极群书，不能有此"。

（c）史籍目录：史籍虽在《汉志》中附在《六艺略》春秋家后，但自四部分类法以后，尽管有二、三次序的改变，总算自成部类。各代虽有史籍篇目和史目的专目，但比较完整的史籍专目仍以宋高似孙的《史略》六卷为最早，而体制宏大，创有新意的莫过于乾隆末年章学诚创编的《史籍考》。章氏在《经义考》影响启发下而有此议，打破史部界限，广泛搜采与史有关的载籍而汇为一集，聚人甚众，又数易其手，历时多年，似已成稿，可惜咸丰间，这部几经修订的巨著不幸毁于火。这是学术上无法弥补的损失。现只能从章学诚的《论修史籍考要略》和《史籍考总目》[1]中略知其体例与类目而已。

（d）文艺目录：文艺书籍的专目始于晋挚虞的《文章志》

①《章氏遗书》卷十三、《章氏遗书·补遗》。

四卷。这是把各家诗赋文章的篇目集为一志的文艺图书专目。南北朝又多有续作，见于《隋志》著录。《宋史·艺文志》著录的沈建《乐府诗目录》又是文艺专科中的单科专目。《千顷堂书目》著录的《国朝名家文集目》则是明代文集的专目。

（e）其他：如

医籍专目有明殷仲春的《医藏目录》。①

地理书专目有清顾栋高的《古今方舆书目》。②

数学专目有清梅文鼎的《勿庵历算书目》。③

书画专目有唐裴孝源的《贞观公私画史》和宋米芾的《书史》《画史》。

金石专目有宋欧阳修的《集古录跋尾》、赵明诚的《金石录》。

图书专目中又有善本书目、版本书目、刻本书目、阙书书目、禁毁书目等等。

专科书目对于学术研究利用文献确有很大裨益，而且从目

---

① 北京图书馆藏有钞本。1955年5月群联出版社曾印《医藏书目》（附《痧子心法》，收入《中国古典医学丛刊》）。

②《方志月刊》第七卷。

③ 清初数学家梅文鼎为其所著历学书六二种、算学书二六种各撰提要而成。它又具有个人著述目的性质。

录学的发展趋向看，也应着重于专科目录学的研究与专科目录书的编制。

（2）专书目录：这是对一种书或一类书所编的专门目录。它有不同的情况：

一种是一书的引用书目。这是一书涉及多书的目录，就是把某一书所引的各种图书编成专目，借此考察此书的资料来源，并以表明引书的存佚，如沈家本所撰《三国志注引书目》《世说新语注引书目》《续汉书八志补注所引书目》（合称《古书目三种》）。从这种书目可以看各书注引的情况，其中今佚各书不仅可供图书存佚的考察外，还为辑佚工作提供了便利。

另一种是为某一书编制参考书目录。这是多书集中于一书的目录，就是把与此书有关的书编成专目，供了解研究之用。如《史记书录》就是把与《史记》有关的参考书编制成供研究《史记》之用的目录。

四、附说索引和类书

索引和类书虽然不是图书目录的形式，但它们是一种检索工具。索引可用来检索图书、图书篇目和图书中的有关资料；类书可以按类提供经过汇编的资料。它们都具有目录的性质和作用。

索引是从日文さくいれ一语译音而来，也有据英文 Index 而译作引得的，包含着指点的意思。我国旧称通检或备检，最早的一部成著是《群书备检》。宋晁公武的《郡斋读书志》卷九曾著录说：

“《群书备检》十卷，右未详撰人。辑易、书、诗、左氏、公羊、谷梁、三礼、论语、孟子、荀子、杨子、文中子、史记、两汉、三国志、晋、宋、齐、梁、陈、后周、北齐、隋、新旧唐、五代史书，以备检阅。”

陈振孙的《直斋书录解题》卷八也说：

“《群书备检》三卷，不知姓氏，皆经史子集目录。”

看来，宋时此书已有十卷、三卷二种本子。

《宋史·艺文志》著录此书说“其书已亡”，则元初已未见此书；但明《文渊阁书目》却著录说：“《群书备检》一部，三册，残阙。”可见明代还有残本。

从这些目录书的记载看，《群书备检》就是一部经史子集的篇目索引。

清代目录学家章学诚也很提倡编制这种索引形式的目录，他说：

“窃以典籍浩繁，闻见有限，在博雅者且不能悉究无遗，况其下乎？以谓校雠之先，宜尽取四库之藏，中外之籍，择其中之人名、地号、官阶、书目，凡一切有名可治，有数可稽者，略仿《佩文韵府》之例，悉编为韵。乃于本韵之下，注明原书出处及先后篇第，自一见再见以至数千百，皆详注之，藏之馆中，以为群书之总类。至校书之时，遇有疑似之处，即名而求其编韵，因韵而检其本书，参互错综，即可得其至是。此则渊博之儒穷毕生年力而不可究殚者，今即中才校勘可坐收于几席之间，非校雠之良法欤？”①

有些学者就从事这方面的编制工作，如清黎永椿的《说文通检》就是为检索说文部首和各字而编的。以后索引就发展为对文句、篇目和专题等方面的检索工具。

起索引作用而内容辑有资料的便是类书。类书是把各种图书中的有关资料。或按问题分类，或按字分韵，加以汇集。这很便于省览、记忆和检索。

类书的起源，过去有两种不同的说法：

其一：宋晁公武《郡斋读书志》卷十四类书类，立梁元帝（552—554）撰《同姓名录》三卷于首，认为“类书之起，当在是时”。《四库全书总目》类书类承此说。

① 清章学诚：《校雠通义》内篇一《校雠条理第七》。

其二：宋王应麟《玉海》卷五四，《艺文承诏撰述》篇，认为“类事之书，始于《皇览》”。据《三国志·魏书·文帝纪》说：“文帝好学，黄初中散骑侍郎刘劭等受诏集五经群书，以类相从，几千余篇，号曰《皇览》。”[①]清末张之洞的《书目答问》采用此说。

从上述二说看，《皇览》成书于公元二二〇到二二六年间，早于《同姓名录》三百余年，自然应该以《皇览》为类书之始。

类书篇帙一般较大。宋代的《太平御览》是现存的有典型的一部大类书，它以问题类别编次，共达千卷。清代的《古今图书集成》一万卷，篇帙尤大，内容丰富，甚有助于参考。另外如《佩文韵府》和《骈字类编》等书，虽然是供作诗叶韵，搜求词藻之用的韵书，但它汇集了许多资料典故，并注有出处，因而也具有类书指引资料的作用。

类书可以按照它的指引找到同类相关的若干资料，有的可以借此追求原书；有的作为资料来源的图书本身已经亡佚，那就可以赖类书保存一部分，则更有参考价值。《四库全书总目》曾给予肯定的评论说：

---

①《皇览》久佚，清人有辑佚一卷。

“古籍散亡，十不存一，遗文旧事，往往托以得存。”[①]

但是，类书往往由于辗转沿袭，所录资料是否原貌，必须审慎使用，以免谬误传递。近人刘文典氏曾指出这一点说：

“类书引文，实不可尽恃……盖最初一书有误，后代诸书亦随之而误也。如宋之《太平御览》实以前代《修文御览》《艺文类聚》《文思博要》诸书，参详条次，修纂而成。其引用书名，特因前代诸类书之旧，非宋初尚有其书。陈振孙言之详矣，若《四民月令》一书，唐人避唐太宗讳，改民为人，《御览》亦竟仍而不改。书名如此，引文可知。”[②]

这是在使用类书时所应注意的一个问题。

第三节　古典目录书的体制

一、体制的三种类型

古典目录书的体制，四十年前汪辟疆的《目录学研究》一书中曾在论述目录学界说时有所涉及。他提出了四种说法：

①《四库全书总目》卷一三四，子部、类书类小序。

② 刘文典：《三余札记》卷一。

（1）“纲纪群籍，簿属甲乙”，就是按类记录书名使各种图书有所归属，而对书中旨趣则不详加论列。

（2）“辨章学术，剖析源流”，就是在部次类居以前要讲古今学术的隆替和作者的得失。

（3）“鉴别旧椠，雠校异同”，就是要标举不同版本并加以鉴定，为校勘提供方便。

（4）“提要钩元，治学涉径”，就是要有提要并能指出学习方法。

这四点虽是为了说明目录学的作用，实际上却提出了对目录书体制的要求，如第一点就指登记目录——只记书名、作者、卷数，没有提要之类。第二点似乎指目录书应有小序来讲明学术源流。第三点则要求目录的体制应该著录版本。第四点说明目录书应该有解题或有附注来帮助读者读书和治学。

余嘉锡先生在《目录学发微》一书中则明确地提出了古典目录书体制的三种不同类型，并举出例证来说明。他说：

一曰部类之后有小序，书名之下有解题者：这种体制的目录书有宋晁公武《郡斋读书志》、陈振孙《直斋书录解题》，元马端临《文献通考·经籍考》和清《四库全书总目》等。这种体制的目录书主要是为了“论其指归，辨其纰缪”，对图书进行较全面的论述和正误。

二曰有小序而无解题者：这种体制的目录书有《汉志》和《隋志》等。这种体制的目录书是充分利用小序这一构成要素来“穷源至委，竟其流别”，以“辨章学术，考镜源流”。使读者对每类图书能先从学术上得到一个概貌，进而便于了解和掌握每一种图书。

三曰小序、解题并无，只著书名者：这种体制的目录书有《新唐书·艺文志》《宋史·艺文志》《明史·艺文志》《通志·艺文略》《书目答问》等。这类体制的目录书虽然只记书名，但如果“类例分明”，就能“使百家九流，各有条理，并究其本末，以见学术之源流沿袭”[1]。又可以便于学者根据自己的需要去按类求书。

这三种不同的体制发挥着不同的作用，无需论其短长，分其高下，因为问题在于编制者的水平，而不在编纂体制如何，如过去有认为以第一类为最上，但如撰解题者识见不深，那么体制虽美而收效甚微。又如第三类，有人“薄其浑漫，视为无足重轻”的；但如果出于通人之手，那就能“分门别类，秩然不紊，亦足以考镜源流，示初学以读书之门径”，[2] 得到宋代

---

① 余嘉锡：《目录学发微·目录学之意义及其功用》。

② 同上。

学者郑樵所说的“类例既分，学术自明”[1]的成效。

二、体制的基本结构

从古典目录书的三种不同体制来看，它的基本结构主要包含三种因素，即：书名、小序和解题（书录）。书名是任何目录都需具备的一项，它反映图书外貌的基本特征——书的名称（有不少书名直接反映出图书的主旨），撰述者、篇卷数、不同的版本和藏者，有的著录全部项目，有的有缺项，但变化不大。而小序和解题则比书名处在更为重要的地位。体例也各有不同，需要作进一步的说明。

小序是伴随目录书开始编纂就出现的一种体制。它主要是为了“辨章学术”，对某一部类图书的学术流派、演变和特点加以论述。这对于掌握和了解这类图书起了提纲挈领，鸟瞰全局的作用。刘歆所撰《七略》中的《辑略》就是对各家学术源流利弊分别加以论述，然后汇辑一编来代替全书的凡例。这是小序体制的开端。《汉志》散《辑略》各篇入各家，更便参读。这是古典目录学的优良传统。但是魏晋时的目录书没有很好地继承这一传统，如西晋荀勖是被认为“依刘向别录，

① 宋郑樵：《通志·校雠略》。

整理记籍”[1]的目录学家；但他所撰的《中经新簿》，“但录题及言，至于作者之意，无所论辨”，[2]则似于部类之下无小序之体。南北朝时，小序体例又被利用，如刘宋王俭的《七志》，在首卷之中有《条例》九篇，虽然《隋志》评论此《条例》是“文义浅近，未为典则”，但它可能就是《七志》中九个部类的小序。隋许善心撰《七林》除在篇首有总序外，部类之下尚有《类例》以“明作者之意，区分其类例”，看来也是小序。《隋志》和唐代目录学家毋煚的《古今书录》都有小序，而且正式标举出小序之名，可惜除《隋志》外，他书已佚，对当时小序体制仅能从其他记载得其只言片语而不能有更多的了解。《旧唐书·经籍志》虽然在总序中保存了一些有用的资料，如毋煚的书序，但没有采用小序体制，破坏了目录学的优良传统，开后世史志目录不立小序的恶例。宋代修《国史艺文志》时，又恢复了汉、隋二志的传统，在部类之下都有小序。宋朝的官修书目《崇文总目》也有小序。元初修《宋史》时，虽然主要依据了宋代的《国史艺文志》，但却沿袭了《旧唐志》的体例，摒去了小序。后来各史志目录都沿此体

①《晋书》卷三九《荀勖传》。

②《隋志》。

制，“由是自唐以下，学术源流多不可考”[①]。直到《四库全书总目》才又恢复了这一体制，为后人研究封建社会的学术源流与利弊提供了基本资料。这也是《四库全书总目》之所以享有学术价值的原因之一。

解题也称叙录、书录或提要。它是用来揭示图书主旨和用途，向读者指示门径和提供方便的。它在目录学史上是我国最早创制的一种体制，对后世的目录学及其他学术领域都起着重要的推动作用。它肇始于《书序》。刘向《别录》就以书录为主要构成部分。宋陈振孙采用解题之名，撰《直斋书录解题》。《四库全书总目》曾解释了解题的内容和作用说：

“各详其卷帙多少、撰人名氏而品题其得失，故曰解题。……然古书之不传于今者，得藉是以求其崖略；其传于今者，得藉是以辨其真伪。核其异同，亦考证之所必资。”[②]

所以凡具备这类体制内容的目录书就被称为解题目录。

清代的《四库全书总目提要》也采用这一体制为每种图书写一提要进行评介，从而使全书成为一部有学术价值的目录学著作。所以有的著作中也称有这一体制的目录书为提要目录。

---

① 余嘉锡：《目录学发微》五《目录书之体制三 · 小序》。

②《四库全书总目》卷八五史部目录类一《直斋书录解题》条。

这类解题目录或提要目录，由于取材内容和撰写方法的不同，又可分为三种类型：

（1）叙录体：这是解题目录中最早的体例，刘向《别录》的各篇叙录就是这一体例的创作。叙录介绍作者的时代和生平、叙述该书的学术源流、记录校雠异本的情况，分析评论图书内容，尤其是指出图书的“资治”意义，如《晏子书录》中就说：“其书六篇皆忠谏其君，文章可观、义理可法，皆合六经之义”，“可常置旁御观”。这显示了目录工作与现实政治的紧密关系。到了宋代晁公武的《郡斋读书志》和陈振孙的《直斋书录解题》，叙录体例更称完备，主要包括卷帙、撰者状况、学术渊源、版本异同等项目，而至《四库全书总目》则为集这一体例的大成之作。这一体例是解题目录中的大宗。

（2）传录体：这是比叙录体内容简略的一种体例。由于采用这一体例的目录书多已亡佚，只能从其他记载中略知情况。采用此体最早的，可能是晋荀勖所撰《中经新簿》，因为《隋志》称此书说：“但录题及言，至于作者之意，无所论辨。”“题”指书名，“言”指对书名的说明，即简略的题解，只介绍图书大致内容，而不论列作者意旨。刘宋王俭的《七志》，《隋志》也说它“不述作者之意，但于书名之下每立一传”。此“传”字不是传记，而是传注即解释说明。

那么它与《中经新簿》似为一体。由于《七志》的“每立一传”，所以一般说这种体例是传录体，即注录体。后世一般藏书的典藏登录仅写一简要内容提要，当属此体。[①]

（3）辑录体：这是广泛辑录与一书相关的资料来揭示图书内容和进行评论的一种体例。它以马端临的《文献通考·经籍考》为代表。《通考·经籍考》除以晁公武《郡斋读书志》和陈振孙的《直斋书录解题》为主要依据成书外[②]，还辑录了《汉志》《隋志》《新唐志》，宋三朝、两朝、四朝各《国史艺文志》《崇文总目》《通志·艺文略》，正史列传，各书序跋和文集，语录中的有关文字。后来对目录书作辑佚、考证、拾补工作的，多采用此体。而朱彝尊的《经义考》和谢启昆的《小学考》更是径仿其例，撰成专科目录的。这一体例颇似会注体，使有关一书的资料汇集一编，对参证考索图书及有关问题极为有用方便。

从这三种类型看，解题无疑是目录书体制最主要结构成分。

书名、小序和解题是目录书体制基本结构的三要素。大量

① 姚名达《中国目录学史》中以郡斋与直斋划属《中经新簿》与《七志》同一系统。愚意晁、陈二录与荀、王似仍有不同，应入叙录体。

②《四库全书总目》卷八五史部目录类一《直斋书录解题》条。

的古典目录书充分地体现了古代目录学家如何适当地运用这三项要素的宝贵经验，为后人提供了足资借鉴和吸取的有利条件，但后人又应该伴随图书事业的发展，图书门类和数量的增长而创制和改造目录书体制的基本结构，不能泥古不化。

第四节　目录学的作用

目录学是一门专门之学，对于读书、治学有着重要的辅助作用。它可以通过目录书的表现形式使人们在学术研究工作中能借此“辨章学术，考镜源流”，使学者本身能够“即类求书、因书究学”，为学术研究扫清一些障碍，开辟一定的途径。下面准备从了解图书和研究学术等方面对目录学的作用做些具体说明：

一、掌握古籍总的基本状况

目录学通过目录书的特有形式，使浩如烟海的群书，得到部居类次，为人们掌握图书的基本状况和检索所需要的图书提供了便利，发挥了“纲纪群籍，部属甲乙”的功能。

我国是一个文化发达的国家，古籍为数甚夥，但是究竟有多少，至今也难有一个接近精确的数字，只能做些大概的估计。如据《中国丛书综录》的子目来统计，就列有七万多条，假设各丛书重收的有一半多，那也还有三万多种。近人孙殿起《贩书偶记》录四库以来单刻本万种左右，续篇约有六千余种，再加上四库以前的单刻本和其他阙漏未见著录的，总有七八万种之多。所以一九六三年有人曾估计说：

“我国古书的总数约有七八万种之多。”[①]

一九七九年，杨殿珣氏又作了“可能有十五万种左右”的约略估计。他的根据是：

1.《中国丛书综录》的子目统计，有三八八九一种；

2.未曾收入《丛书综录》的清以前的单刻本，估计有一万余种；

3.《丛书综录》未收入的佛经汇刻及新式丛书，以及待补入的丛书，其中子目估计一万种；

4.孙殿起编有《贩书偶记》，大家认为是清代以来的著述总目，所收有一万余种；在一九五九年新印本《贩书偶记》的出版说明中，谓著者在本书初版印行以后，又积得资料一万余种，二者合计有二万余种；

5.在《贩书偶记》未曾收入的清代著述，估计还有一万

① 方厚枢：《从目录学入手》（《光明日报》1963.3.6）。

余种；

6.《中国地方志总录》收入的方志，最近计算有八千五百余种；

7.现存的古医书，估计有八千余种；

8.通俗小说、民间唱本、地方剧本、宝卷、鼓词、家谱，以及在佛经、道经之外的各种宗教书，各种合计，估计有一万余种；

9.碑帖、舆图估计有一万种；

10.兄弟民族语文图书及其他，估计一万余种。①

这些为数浩繁的古籍，如果杂乱纷呈，无所归属编次，那么寻检使用确有极大困难。要是有点目录学知识，那就可以利用已有的目录书去了解图书的基本情况。现有的古典目录书，一般说来，都是过去的目录学者搜检群书，经过一系列的比勘考订、撰录、编目等程序而撰成的。因此，一编在握就可以帮助我们知其归属，搜检有据。这样运用既久，对于古籍图书的基本情况，就能大致了然。

所谓基本情况，如：

（1）各时代的古籍概貌

① 杨殿珣：《谈谈古籍和古籍分类》（《北图通讯》1979年第1期）。

官修目录基本上反映了各朝官藏的图书现状，是比较完备的总书目，因而从中可以看到某一时代的古代图书概貌，如从《汉志》的著录可以知道汉代的图书总数是一万三千余卷。[①] 从《隋志》的著录可以知道唐初的图书总数，包括经传存亡和道佛在内已有五万六千八百八十一卷。从而，可以进一步知道从汉至唐图书量的增加将近四倍半。又如《汉志》没有史籍的独立门类，只在《六艺略》的春秋家后附录了二十三家、九四八篇，而到《隋志》，不仅把史部标为一大部，而且著录存亡史籍有八七四部、一六五五八卷，较《汉书》增多何啻倍蓰，从而还可以了解到历史书籍发展增多的概况。

（2）古籍图书的归属状况

图书无归属犹如士兵无编伍，将给寻求图书带来一定的困难，而熟悉目录，不仅可以知六分、四分、七分、九分之大部，更能了解各部细类，各类是何性质，各类所著何书。类有所属，书有所归，从而对学术情况也自然了解，这正起到了如郑樵所说“类例既分，学术自明，以其先后本末具在”[②] 的功效。

---

① 关于当时图书总数，记载多有不同，《汉志》说“一万三千二百六十九卷”、《广弘明集》引《七略》说“一万三千二百一十九卷”、《论衡·案书篇》说“一万五千篇”、《抱朴子》外篇自叙说“一万三千二百九十九卷”。当以一万三千余卷为近似。

② 宋郑樵：《校雠略·编次必谨类例论》。

在利用已有目录掌握图书基本情况的同时，学者由于具备目录学知识，增订已有目录书、编撰新目录书，使图书的基本情况得到更充分的反映。如清代邵懿辰就是利用《四库简明目录》而把所见各书版本不断标注，终于撰成《四库简明目录标注》，成为反映图书版本的新目录书，为学者提供了方便。清人叶名澧的《桥西杂记》中曾记其事说：

“邵君蕙西居京师，购书甚富，拳拳于版本钞法。……名澧尝见邵蕙西案头，置简明目录一部，所见宋元旧刻本、丛书本及单行刻本、钞本，手记于各书之下，可以备他日校勘之资。”①

邵的后人又汇集了其他学者的一些标注，撰成《增订四库简明目录标注》，不仅成为一部较完备的版本目录专著，而且还使人们利用它能对图书版本的情况一目了然。

（3）古籍图书的考辨

古籍中撰者有阙名，篇帙有不同，而伪作、伪托更需订定。对于这些方面的考辨，无一不需借助于目录，所谓“或得一古书，欲知其时代、撰人及书之真伪、篇之完阙，皆非考之目录不为功”②。

---

① 清叶名澧：《桥西杂记·藏书求善本》。

② 余嘉锡：《古籍读校法》（讲义排印本）。

余先生还根据自己多年研究古典目录学的所得，进一步提出了目录学对古籍考辨有六项功用[①]，即：

（1）以目录著录之有无，断书之真伪；

（2）用目录书考古书篇目之分合；

（3）以目录书著录之部次定古书之性质；

（4）因目录访求阙疑；

（5）以目录考亡佚之书；

（6）以目录书所载姓名、卷数考古书之真伪。

这些都对考辨古籍真伪起着重要作用，但也不能仅据此而贸然判定真伪，还需有更多的本证和旁证来作最后的确定。

如此看来，目录学知识对于了解图书总的基本情况，确是可以起到事半功倍的成效。

二、了解图书的本身状况

古典目录对所著录的每种图书，大都记载了它本身的有关状况，如书名、撰者、卷数、版本、提要等。这些记录资料使人们能借以了解到每一种图书的撰者生平，撰述意旨，图书的简要内容，存亡残整，良本精刻以及学术价值等等。即以撰者

---

① 余嘉锡：《目录学发微·目录学之意义及其功用》。

生平为例，如《四库全书总目》卷一一五子部谱录类著录《茶经》三卷，唐陆羽撰。其提要就著有撰者生平说：

“羽名鸿渐，一名疾，字季疵，号桑苎翁。复州竟陵人。上元初，隐于苕溪。徵拜太子文学。又徙太常寺太祝，并不就职。贞元初卒。事迹具《唐书·隐逸传》，称羽嗜茶，著经三篇。”

这条著录提示了撰者简历，如果需要知道得更详细些，它也指出了陆羽本传的出处，可备进一步稽考。了解和熟悉图书的撰者是有助于了解图书的性质和判断图书的价值。

又如《隋书·经籍志》不仅记图书的存，而且还记佚，这就使人们知道某种图书当时的现状和散失的时代，可以帮助人们从存书中选择精者研读，对亡书致力于搜求逸文。后来的目录学著作对这种著录项目又增加阙和未见二目，如清初朱彝尊的《经义考》就有存、佚、阙和未见四项，对图书本身状况提供了更完备的资料。

有的目录书，如宋尤袤的《遂初堂书目》是创目录记述版本先例的一部目录书，清代官修的《天禄琳琅书目》正续是记载版本资料完备的一部目录书。它们都著录了图书版本情况。人们了解了图书版本情况后，就可以知道某一图书各个时代的不同刊本和流传情况，从而估计某一图书的价值。如果具有目录学知识，从而知道还有一种专记图书行格的书，如江标所撰的《宋元行格表》，那就为鉴定版本提供了一种依据。由于了解和熟悉图书的版本情况，人们便可借此博采众本，雠校异同，校勘订误来求读精刻善本，而不致因读误书而贻害于学术研究。陈垣先生说：“日读误书而不知，未为善学也。”[①]正指此等事。

由于对图书本身状况有了充分的了解，还可以为审查图书和史料提供外证，如《汉志》登录了西汉以前的图书，如果有一部著作据说是先秦作品，但《汉志》不见著录，那么这部著作就有可疑之处而需进一步审订。又如《史记》的《孟荀列传》中谈到驺衍到燕、燕昭王“身亲往师之，作主运”，“作主运”一时难得其解，幸《索隐》说：“刘向《别录》云：邹子书有《主运篇》。”又同传记慎到“著十二论”，《集解》引徐广说：“今《慎子》，刘向所定，有四十一篇。”《汉书·东方朔传》也根据刘向对图书的著录来审定东方朔著述的真伪。

因此，图书本身状况的资料对于读书、治学各有关方面如校勘、版本、考证、撰述等等都能有所裨助。而如何才能了解

---

① 陈垣：《通鉴胡注表微·校勘篇》。

图书本身的状况则需要具备一定的目录学知识，方能知其途径，运用自如。

三、粗知学术源流

从学术角度研究目录学，撰著目录书是我国古典目录学的优良传统。从刘向的“条其篇目，撮其指意，录而奏之”的全部程序看，撰写书录就是一项很重要的学术研究工作。它除了说明图书的整理编辑过程外，主要是介绍作者，综述全书主旨，加以分析、评论，还指出书的作用，这便成了学术史的一个片断。可惜这些书录大都亡佚，现只能见到《战国策》《晏子》《荀子》等几篇残录；但仍不难从中了解到先秦学术的某些方面。刘歆继承父业，撰成《七略》，其编次于卷首的《辑略》，可以说是先秦学术史的简编。班固改编《七略》而为《汉志》，散《辑略》于各略、种，创制了小序之体，尤便于学者了解学术源流和演变，如所谓“诸子出于王官论”便成为后世研究古史的一大课题。所以后世就因此而称目录学为流略之学。这正说明目录学的学术性。清代目录学家章学诚说目录学的重要任务在于“辨章学术，考镜源流”，正由于此。

从《七略》《汉志》开创的小序体对于学术研究确为一重要贡献，后此诸家，颇多沿用，可惜为《旧唐志》所破坏，使唐以下目录书对学术源流的论述缺一大宗。

有的古典目录书如《汉志》之类，对于图书的撰人，内容、篇章、真伪等间或加以小注，虽然只有片言只语，但对年久亡佚的图书资料，却使人们可以从中略窥轮廓，至今研讨先秦、前汉学术时，还不能不引以为据。这些附注逐渐发展而成为一书的解题。解题的标举正名应推宋代目录学家陈振孙的《直斋书录解题》。图书有了解题，不只像小注那样得其轮廓，而是往往能得其要略，尤其对于亡佚图书，显得更为重要。如索引本是目录的一种形式，本是我国的一种传统体制，但许多人谈及索引时，往往喜引英语中的引得（Index）和日语中的さくいれ作为缘起，实不知我国的“备检”，就是索引，而宋代已有《群书备检》一书，只是由于此书亡佚而被人忽视，但其主要内容却见于目录书中，如《郡斋读书志》《直斋书录解题》《宋史·艺文志》《文渊阁书目》中都有概括的记录。在这些记录中，就使人们知道我国在宋代就有一部索引书目。虽然在元初亡佚，但在明代又发现有残本，这部经史子集的篇目索引的大致情况也就依靠这些目录学著作而流传下来了。

有些古典目录书还把图书的序跋录入，对于了解图书更有莫大的帮助，如现存最早的一部佛经目录——梁释僧祐所撰的《出三藏记集》，其中就有《总经序》一部分，录入了各经的前后序。序跋文字往往叙述了图书的主要内容、写作过程、撰者意旨、流传经过和对撰者与图书的评介等等情况，成为人们认识和熟悉某一图书的途径。近人谢国桢氏所撰《晚明史籍考》也多录入书录，有助于了解晚明典籍。有的目录书径以题跋形式出现，如清代学者黄丕烈的《士礼居藏书题跋记》、近人朱希祖的《明季史料题跋》都是。这类目录书大多经过撰者对图书资料的考订和论证，对于学术研究工作有一定的参考价值。

还有的学者并非专门从事图书编目，而是在读书之余，逐书写作札记，岁积月累，或由自己纂集，或由后人辑录，成“读书记”形式的目录书，如清人周中孚的《郑堂读书记》、朱绪曾的《开有益斋读书志》、李慈铭的《越缦堂读书记》（由后人所辑）等都是这类性质的目录学专著，这些著作虽非专门书目，但功力之深，内容之精往往有之，其中如《郑堂读书记》，篇帙的繁富、内容的精深、涉览的广泛，以之继《四库全书总目》而称续篇，都无愧色。

目录学著述中既蕴藏这些与学术有关的资料，如能在掌握目录学知识的条件下，加以充分利用，那就不只限于粗知学术源流了。同时，由于有这些丰富知识，对于评论和衡量图书的价值和地位，也就更能有所帮助。

四、指示门径和辅导读书

我国浩繁的古籍是古代学术文化的宝库，要打开这座宝库，单凭兴之所至地去涉猎翻阅，那是事倍功半难有成效的。唐代的目录学家毋煚曾认为：如果没有分类编次、叙明源流的目录书，要想得到知识，那就像孤舟漂荡在大海上，小鸟想要高飞冲天，精卫鸟衔石填海和夸父追日[①]般地难以达到目的，而如果有了目录书，其结果则是：

“将使书千帙于掌眸，披万函于年祀，览录而知旨，观目而悉洞，经坟之精术尽探，贤哲之睿思咸识，不见古人之面，而见古人之心。”[②]

毋煚的这种见解，不免有夸大之处，因为目录书使人们对古籍能“知旨”“悉洞”是完全可能的；而说对古籍和各种学术思想都能达到“尽探”“咸识”，就不符实际了。但是，至少能得到探求知识宝藏的入门途径。汉代学者王充希望人们不

---

① 唐毋煚：《古今书录·序》说：“苟不割判条源，甄明科部，则先贤遗事，有卒代而不闻，大国经书，遂终年而空泯。使学者孤舟泳海，弱羽凭天，衔石填溟，倚杖追日，莫闻名目，岂详家代？”（见《旧唐书·经籍志》）。

② 唐毋煚：《古今书录·序》（见《旧唐书·经籍志》）。

要墨守章句，而要博览古今、畅通大义，成为“通书千篇以上，万卷以下”的“通人”，[①]那么如何才能做这种“通人”呢？他在另一篇中谈到这种门径说：

“六略之录，万三千篇，虽不尽见，指趣可知。”[②]

这正说明目录可使人得到读书的门径。所以清朝学者江藩曾直接指出这一作用说：

“目录者，本以定其书之优劣，开后学之先路，使人人知其书可读，则为易学而功且速矣。吾故尝语人曰：目录之学，读书入门之学也。”[③]

《书目答问》的撰者张之洞也提出过“四库全书，为读群书之径”[④]。

近代目录学家余嘉锡先生素以“读书博”著称。他钻研《四库提要》五十余年，撰成《四库提要辨证》二十五卷。余先生在该书序录中就自承：“余之略知学问门径，实受《提要》之赐。”他还对陈垣先生说过：“他的学问是从《书目答

① 汉王充：《论衡·超奇》。
② 汉王充：《论衡·案书》。
③ 清江藩：《师郑堂集》。
④ 清张之洞：《輶轩语》（《书目答问》附）。

问》入手。”[①] 可见目录书之能指示门径。

这种指示门径的作用具体体现在小序、题解和附注上。有的目录解题对图书提出了一己的评论，如《四库全书总目》论《旧五代史》说：“是书文虽不及欧阳，而事迹较备。”论《宋史》说：“自柯维骐以下，屡有改修，然年代绵邈，旧籍散亡，仍以是书为稿本，小小补苴，亦终无以相胜，故考两宋之事，终以原书为据，迄今竟不可废焉。”[②] 类似的评论，比比皆是，对于读书与治学提供了一些参考资料。

有的目录书在一种图书或一类图书之后往往附以片言只语，涉及读书门径和图书的用途，如《书目答问》正史类注补表谱考证之属下便附注说：“此类各书为读正史之资粮”，在李兆洛的《纪元编》下又附注说：“此书最便。”这些说法虽然有些过分或过时，但至少可供参考。有些学者的读书记更可以从中了解到他们如何治学，从而取得借鉴。

对若干图书有了简括的了解后，不仅可以比较顺利地担当起图书资料的参考咨询工作，辅导读者，向他们提供需用的图书，而且也可以初步地帮助一些研究者，推荐备选图书，节省

① 陈垣：《余嘉锡论学杂著·序》。

②《四库全书总目》卷四六史部正史类二。

他们的翻检之劳。

因此，目录学知识和目录书对于读书和治学是能发挥它所具有的作用的。

由于目录学知识和目录书具有上述的一些作用。因此历来学者对目录学都给予了极大的重视。从刘向以来，历代有许多著名学者都亲自参与目录书的纂集工作和目录学的研究工作。如西汉的刘歆，东汉的班固、傅毅，三国时魏的郑默，晋的荀勖、李充，南北朝时的王俭、阮孝绪，隋的许善心、柳䛒，唐的毋煚、敬播、李延寿、释智昇，宋的晁公武、陈振孙、郑樵、王应麟，元的马端临，明的杨士奇、焦竑、朱睦㮮，清的黄虞稷、钱曾、纪昀、孙星衍、黄丕烈等人都是在目录学方面卓有成就的学者。其中如释智升是最早概括目录学作用，提出个人见解的一人，他在《开元释教录》序中曾说：

“夫目录之兴也，盖所以别真伪，明是非，记人代之古今，标卷帙之多少，摭拾遗漏，删夷骈赘，提纲举要，历然可观也。”①

清代学者对目录学的重视，尤为突出。如王鸣盛在所著《十七史商榷》卷一首条即标举目录学的重要性说：

① 唐智昇：《开元释教录·序》。

“目录之学，学中第一紧要事，必从此问途，方能得其门而入。”①

他在卷二《汉艺文志考证》条中又引当时学者金榜的话说：

“不通汉艺文志，不可以读天下书。艺文志者，学问之眉目，著述之门户也。”

卷七《汉书叙例》条更进一步强调说：

“凡读书最切要者，目录之学。目录明，方可读书，不明终是乱读。”

这些议论，不免有偏激、夸张和片面性的地方，对目录学的地位和作用，没有给予恰如其分的评论；因为目录学终究只能起一种辅助作用，而不能视为学问的极致。但是，从他的议论中也可以看到当时重视目录学的风气。

与王鸣盛同时的著名学者钱大昕在他所著的《廿二史考异》卷五中、赵翼在《廿二史札记》卷六中都有《三国志》裴注引用书目专篇。这一方面体现他们利用目录学知识为研究《三国志》和裴注提供了方便，另一方面也说明他们对目录

① 清王鸣盛：《十七史商榷》卷一《史记集解分八十卷》条，下二条见同书。

学的重视。

乾嘉时期的另一史学家杭世骏还认为目录书可以补史传的缺漏。他说：

“经籍之设所以补列传阙漏。班固不为冯商立传而《续史记》则志于艺文；刘昫不为刘蜕立传而《文泉子》则志于经籍。”①

近代目录学家余嘉锡先生强调利用目录学著作中解题里的论断来“辨章古人之学术”的重要性，所以，他也认为：

“目录之学为读书引导之资。凡承学之士，皆不可不涉其藩篱。”②

学者们对于目录学的种种见解和不同形式的实践活动，表明了他们重视目录学的态度，也反映了目录学在推动学术工作上的重要作用。

① 清杭世骏：《道古堂文集》卷六《两浙经籍志·序》。
② 余嘉锡：《目录学发微·目录学之意义及其功用》。

第二章　古典目录学著作和目录学家

第一节　官修目录与史志目录的创始——两汉

一、刘向父子的校书和《别录》与《七略》的纂辑

我国的图书事业开始于先秦；但是，目录事业却是从西汉才正式发端。目录事业的开始于西汉并非偶然，而是由于客观条件成熟的一种必然结果。

目录事业的兴起、发展和图书的聚集有着密切相连的关系。汉朝是比较注意搜求图书的，根据历史的记载，西汉曾有过三次规模较大的求书运动。

第一次是公元前206年，刘邦率军进入咸阳的时候。当时，一部分将士争先恐后地去抢夺金帛财物；但是，刘邦的重要谋臣萧何却比较有远见地注意到图书档案，他把秦朝的丞相

府、御史府等重要官署的“律令、图书”都很好地收藏起来[①]，为西汉重视图书树立了良好的开端。接着，又接受了秦朝毁灭图书的教训，“大收篇籍，广开献书之路”[②]，使散失的图书得以适时的聚集和收藏。这都为整理编目工作的开展准备了条件。汉朝建立政权，“天下既定”以后，就“命萧何次律令，韩信申军法，张苍定章程，叔孙通制朝仪”[③]，这实际上就是在国家重要大臣的主持下，分工整理纂辑图书的一次活动。整理的对象很可能主要是萧何收集的秦朝散乱图书和档案。这在《汉志》兵家小序中已很清楚地说明道：

“汉兴，张良、韩信序次兵法，凡百八十二家，删取要用，定著三十五家。”[④]

从“序次兵法”来看，它已开始了比勘异同，删定篇次的整理图书工作，虽不能确知当时是否已编制目录，但所进行的工作应说是编制目录的前半工序了。所以说西汉的目录事业当从这时开始。

第二次是汉武帝元朔五年（公元前124年）。当时，经

---

①《汉书》卷三九《萧何传》。

②《汉书》卷三〇《艺文志》。

③《汉书》卷一下《高帝纪》下。

④《汉书》卷三〇《艺文志》。

过“文景之治”的恢复和发展，全国已呈现出一种大一统的局面。武帝为了扩展汉帝国，除了在政治上、经济上采取相应的措施外，对于思想文化方面更提出了“独尊儒术，罢黜百家”的口号，图书也相应地作为实现其加强思想统治的重要工具而受到应有的重视，结果发现国家藏书“书缺简脱，礼坏乐崩”的严重现象。这不能不使武帝发出很大的感慨，于是决定开展图书征集活动和改进典藏工作。这就是史书所载，“建藏书之策，置写书之官，下及诸子传说，皆充秘府”的一项重要措施[①]。经过一段时间的努力，便取得了“书积如丘山”的良好效果。藏书处也随之有所扩展，于是“外有太史、博士之藏，内则廷阁、广内、秘府之室”[②]。有了丰富的藏书，没有目录就难以检索使用，实际上等于货弃于地；但是要彻底整理“积如丘山”的简书又比较困难。这时武帝正在积极用兵，急需参考军事图书，因此就命军政（军事方面官员）杨仆首先整理兵书，编制成一份专科目录《兵录》。《兵录》久佚，难以知道具体内容。仅仅根据史志的记载，它是经过杨仆“捃摭遗逸”而“纪奏”的，虽然“犹未能备”[③]，但它终

①《汉书》卷三〇《艺文志·序》。
②《七略》（《太平御览》六一九）。
③《汉书》卷三〇《艺文志·兵家·序》。

究是见于记载的我国第一部专科目录书。

第三次是在成帝河平三年（公元前26年）。当时，可能由于图书典藏制度还不够完善，图书颇有散亡。于是，成帝一面派谒者（官名，光禄勋属官，掌礼宾事宜）陈农到全国各地求遗书，一面组织人力整理国家藏书，由著名学者刘向总司其事，并由各种专门人才分工负责各类专业图书。《汉书·艺文志》序中记此事说：

“诏光禄大夫刘向校经传、诸子、诗赋，步兵校尉任宏校兵书，太史令尹咸校数术，侍医李柱国校方技。每一书已，向辄条其篇目，撮其指意，录而奏之。会向卒，哀帝复使向子侍中奉车都尉歆卒父业。歆于是总群书而奏其七略，故有辑略、有六艺略、有诸子略、有诗赋略、有兵书略、有术数略、有方技略。”

《汉志》的这一记载是目录学史上的重要文献。它使后人借此能够粗知我国第一次大规模进行图书整理、编目活动的梗概。正由于有汉成帝时的这次“校书”，才产生了我国最早的综合性的分类图书目录：《别录》和《七略》。

《别录》和《七略》是奠定我国目录学基础的开创性著作。它把我国古代的分类思想应用于图书整理，提出了图书的正式分类法，对两千年来我国的图书事业产生了深远的影响，在中国文化史甚至世界文化史上都取得了光辉的地位。

《别录》的作者刘向生于汉昭帝元凤四年（公元前77年），卒于成帝绥和元年至二年一、二月间（公元前7年间）。他在汉宣帝时，由于“通达能属文辞”，以“名儒俊材”的身份选拔到皇帝的左右。他又精通春秋穀梁之学，是西汉后期的大学者。成帝河平三年（公元前26年），他受命校书（整理国家藏书）。这虽然是一项空前的艰巨任务，但当时已具备了校书的一些良好条件：一方面前人已开始作了些图书整理工作，有成果可以吸取，如：

（1）从儒家学派校定六经到司马迁写《儒林列传》便逐渐形成了儒家典籍的系统；

（2）从《庄子·天下》《荀子·非十二子》到《史记·论六家要指》便形成了诸子百家书的系统；

（3）从汉初张良、韩信申军法到汉武时杨仆“纪奏《兵录》”，就有了兵书的专门目录。

这些都是刘向足资参考的资料。

另一方面，当时的社会已有编制一部国家目录的要求，从汉朝建立到刘向的时代已有一百七十八十年长期统一的局面。又经过汉初、武帝和成帝几次大的求书运动，国家集中了大量的图书。武帝的大一统和独尊儒术的政治要求也对学术界起了重要影响。《史记》是在史学上反映大一统的杰作，图书整理方面也需要这类性质的成果反映。刘向便是在这种可能条件下领导了我国第一次大规模的整理图书运动。他的全部工作可以概括为：备众本、删复重、订脱误、谨编次和撰叙录，也就是如《汉志·序》里说的“条其篇目，撮其指意，录而奏之”。这几道工序基本上符合编制目录书的规律——就是搜求图书、分工（类）整理、异本校勘，确定篇次、撰写提要，最后把这些工序的全部成果汇编而成目录书。刘向的这项工作是对当时重要文化典籍所进行的一次总结性大整理，清理了汉朝政府二百来年所积累的国家藏书。

在刘向的这项工作中，有两点特别值得注意。

第一，在使用和培养人才方面取得了特异的成效。浩繁的整理图书工作自然不是独力所能完成，它需要合理地调动人才，才能有条不紊地展开工作。刘向采取了专材校书，分工（类）进行的办法。他按照图书内容和性质分成六艺、诸子、诗赋、兵书、数术和方技六组，分别由专门人才主持：刘向主持六艺、诸子、诗赋；步兵校尉任宏主持兵书（实际上任宏早已开始工作）；太史令尹咸主持数术，侍医李柱国主持方技。这既发挥了专门人才的专长，又自然地形成了我国最早的正式图书分类，收到了事半功倍之效。刘向在调动专家的同时，又能不拘一格地奖拔和培养青年。他拥有一批青年助手，如他的儿子刘歆是个二十六七岁的青年，就担任他的主要助手，掌握全面工作。参加诸子书整理工作的杜参只有十八、九岁，刘向不仅和他共同整理图书，合写《晏子》《列子》等书录，而且尊重他的劳动，和他联名题署“臣向谨与长社尉杜参校中秘书”。班固的伯祖班斿（游）参加校书时也不过二十多岁，另外如王龚、望（佚姓）等都是青年。这些青年通过学术工作的实践，大多作出了成绩，成为著名学者，刘歆就是他们的典型代表。

第二，创制书录，树立提要目录体例的典型：刘向为图书写书录是一项开创性工作，所写的书录是我国文化史上的一份宝贵遗产，可惜绝大部分遗失，只剩下《战国策》《孙卿新书》《晏子》等八篇（其中有刘歆撰《山海经》书录一篇）。过去学者对此颇加重视。余嘉锡先生在《藏园群书题记》序中说：

“昔者刘向奉诏校书，所作书录，先言篇目之次第，次言以中书、外书合若干本相雠校，本书多脱误以某为某，然后叙作者之行事及其著书之旨意。”

这是对刘向所写全篇文字内容所作的全面概括。但是，我认为书录正文应是指全篇文字的中心部分。从现存的全篇文字来分析，可以分为四部分。

（一）篇目：《晏子》《孙卿新书》叙录前所列篇目是刘向“条其篇目”后的定目。这是书目，不是书录的内容。

（二）工作报告：从文字叙述的开始到“皆定，以杀青，可缮写”一语止。这是刘向“校雠”工作的总结，是向皇帝所上的工作报告，是确定定本的处理说明。“可缮写”犹如我们现在在已校正的清样上签“可付印”字样的意思。

（三）书录正文：在“可缮写”后，有的有“叙曰”字样，然后叙作者生平、著书意旨、学术价值和资治意义等。有的未加“叙曰”可能是后来佚落。从“叙曰”到“谨第录”或“谨第录臣向昧死言”一语止才是书录的正文。

（四）全书标签：在“谨第录”以后往往有“护左都水使者光禄大夫臣向所校战国策书录”“护左都水使者光禄大夫所校列子书录，永始三年八月壬寅上”等字样。这也不属书录正文。这些题字可能起两种作用：一是刘向为清缮者所写的工作说明，说明以上是书录，清缮时不要和书的本文相混连；二是作为这部图书的标签，是在这一捆青皮简叙录的最外面一简上标明这是什么书的书录。这可以看作是这卷简书的笺（标签）。

刘向勤勤恳恳地工作了十九年，在即将完成全部宏伟事业的时候，死去了。他的未完事业由他的儿子和主要助手刘歆奉命继承。

刘歆约生于汉宣帝甘露年间，卒于更始时（约公元前53年到公元23年）。他从青年时代起就奉命参加校书工作。刘向死后，他把总结校书成果，建立系统目录的重任担当起来，并在已有成果的基础上，用了大约二年时间，撰成了我国第一部系统目录——《七略》。这样，国家的全部藏书有了统纪，学术流派和科学文化水平也得到了应有的反映。

《七略》包括六艺、诸子、诗赋、兵书、数术、方技等六略和六略前的《辑略》。《辑略》是全书的总录，它包括总序和各略的序，说明各类图书内容和学术流派。其余六略则依类著录图书。每书之下都有简短说明。《七略》的内容基本上是节录《别录》的书录而成的。六略之下有种，种下有家，家下列书。全目除《辑略》外共分六略（大类）、三十八种（小类）、六〇三家、一三二一九卷（《隋志》作三三〇九〇卷，三万疑为一万之讹）[①]。

---

①《古今书最》（《广弘明集》卷三）。清人姚振宗《七略佚文》统计是："大凡书六略、三十八种、六百三十四家、一万三千三百七十九篇、图四十五卷。"（《师石山房丛书》）。

《七略》的重大贡献是把我国古代的分类思想具体地运用于整理图书，使西汉末年以前的重要典籍得到了比较系统的著录。这对古代文化的保存起了重大作用。所以范文澜同志把它和《史记》并提为西汉时期有辉煌成就的两大著作。

《别录》和《七略》的成书时间过去是有争议的。清季目录学家姚振宗认为《别录》成于《七略》勒成之时；近人程会昌的《目录学丛考》则认为《七略》成于《别录》之先。我看姚说似可信。其实，这个问题在梁阮孝绪的《七录叙》中早有说明：

“刘向校书，辄为一录，论其指归，辨其谬误，随竟奏上，皆载在本书，时又别集众录，谓之《别录》。子歆撮其指要，著为《七略》。”

这段话很明确，可以作如下几点解释：

（1）刘向对所校各书都有一篇叙录。它附载于所校各书，同时也是后来汇编为《别录》的组成篇章。《别录》就是全部叙录的汇编本。

（2）“时又别集众录”一语中的“时”字可解释为“当时”或“当时人”，就是说，刘向奏进书录时，当时又另外留抄一份，积累存放，题为《别录》，以别于进奏的“正录”。或者说，当时人曾分别传抄集录，所以称为《别录》。既有多种《别录》，篇章容有不同。刘歆很可能做了编定《别录》定本的工作。

（3）“子歆撮其指要”的“其”字是刘向《别录》的代称。刘歆根据刘向《别录》撮要编成《七略》。这正是《七略》成书较快的原因所在。

（4）隋、唐各志著录的《七略别录》之称可能是后人所加，用以作区别《七略》的对称，不是《别录》的原名。因为在隋唐以前的著作中如《七录叙目》和《晋书·荀勖传》中都作《别录》，没有《七略别录》之称。

《别录》和《七略》这两部目录学的重要创制并没有流传到后世。根据前人的考证，二书亡于唐末五代之乱，宋初人已没有见到。清代学者为了恢复二书的面貌做了大量的辑佚工作，所以现存辑本有六、七种之多，如洪颐煊的《问经堂丛书》本、陶浚宣的《稷山馆辑补书》本、马国翰的《玉函山房辑佚书》本、严可均的《全汉文编》本、姚振宗的《快阁师石山房丛书》本以及王仁俊、顾觐光、章宗源等等未刊本。其中以姚振宗的《快阁师石山房丛书》本为比较方便易得些。这些辑本中也有误辑的内容，但如果细心参读也还能得知二书的大略。

《别录》和《七略》虽已久佚，但它对后世的影响是不容泯没的。在校书方面：东汉一代、三国的韦昭、西晋的荀勖和北齐的樊逊都是按照向、歆父子的遗规进行的。在编目方面，东汉的东观和仁寿阁的藏书都是“依《七略》而为书部”。班固撰《汉书》时就改编《七略》为《艺文志》，列为《汉书》内容之一。这是史志目录的开端。在学术研究方面，由于向、歆父子在整理图书过程中发现了许多古文经的优点而加以传播，对当时附会迷信色彩的今文经学起了一定的揭露和打击作用，使古文经有所发展，这对汉代郑学的形成起了推动作用。汉代学者王充认为如能借助《别录》《七略》，那么即使对典籍“虽不曾见”也可以达到“指趣可知”的通人地步。班固写董仲舒、贾谊和司马迁各传论赞也多引《别录》意见，而唐代学者颜师古、徐坚等人更多引录《别录》《七略》资料。所以说，《别录》《七略》不仅是目录学的开创名著，也是极有价值的学术著作。它们是探讨古典目录学时不能不涉及的重要著作。

二、班固的编定《汉书·艺文志》

西汉末年，由于王莽篡夺政权造成了社会的动荡战乱，图书遭到了很大的散失。光武帝刘秀重建东汉政权后，为了加强政治思想统治，特别尊崇儒学。于是，一面“先访儒雅”，希望儒家人物和新政权合作；一面进行“采求阙文，补缀漏逸”的收集图书工作以补充和恢复国家藏书。由于这些政策的实行，原来不和王莽合作，携带藏书，“遁逃林薮”的“四方学士”，“莫不抱负典策，云会京师”，纷纷向政府献书。东汉初年的征集活动的具体成效，虽然不详，但光武迁洛阳时“经牒秘书载之二千余两”，而经过明帝、章帝的继续努力，已是“叁倍于前”[①]，其增长情况显然可见。图书的稳定和增长给进行目录工作创造了必要条件。东汉初年的目录大约开展于明、章之世。《隋书·经籍志序》中曾加以概述说：

“光武中兴，笃好文雅，明、章继轨，尤重经术。四方鸿生巨儒，负袠自远而至者，不可胜算。石室兰台，弥以充积。又于东观及仁寿阁集新书，校书郎班固、傅毅等典掌焉，并依《七略》而为书部，固又编之以为《汉书·艺文志》。”

这段记载说明了以下几点：

（一）东汉初年由于政府的提倡，全国各地到洛阳来献书的人很多，以致到了明、章时，国家的藏书处石室和兰台就得到了很大的充实。

（二）东汉初年已有专管图书的人员，著名学者班固、傅

---

①《后汉书·儒林传·序》。

毅等以校书郎的职衔来典掌图书。这一点似欠准确，因为班固是明帝永平五年（公元62年）被召任校书郎，后任兰台令史，再迁为郎，始“典校秘书”，并非初任校书郎时就典掌图书。傅毅则是在章帝建初六年（公元81年）“为兰台令史，拜郎中，与班固、贾逵共典校书”，其典校书时也不是校书郎。如此，东汉初年，整理图书工作的完成似在章帝建初时。

（三）《隋志》所说“又于东观及仁寿阁集新书”一语是《七录序》所说“又于东观及仁寿阁撰集新记”之讹，这就使后世误把撰著《东观汉记》的活动当作为东观的藏书撰集新书目录。

（四）《隋志》所说“并依《七略》而为书部”中的“书部”是指按七略的类目对图书加以分类，而不是撰集书目。所以东汉初年可以说进行了图书整理分类工作，而是否撰著国家目录则并无史料可据。

（五）《隋志·序》说：“固又编之，以为《汉书·艺文志》”，统观上下文意，似指班固是在国家目录的基础上又改编为《汉书·艺文志》。此与《汉志·序》所说相异。《汉志·序》明言：“歆于是总群书而奏其《七略》，故有辑略，有六艺略、有诸子略、有诗赋略、有兵书略、有术数略、有方技略。今删其要，以备篇籍。”则《汉志》以《七略》为主要依据，固毋庸置疑。所谓“又”者，似指班固在整理国家藏书的过程中，另外还根据《七略》的体制编纂了《汉志》。

明、章以后，东汉政权仍然不断有过整理图书的工作，如安帝永初年间（公元107—113年），执政的邓太后曾命谒者仆射刘珍与校书刘騊駼、马融及五经博士等，“校定东观五经、诸子、传记、百家、艺术，整齐脱误，是正文字”。[①]并派制纸的改进者蔡伦（时任长乐太仆）“监典其事”[②]。顺帝永和初年（公元136年）曾命侍中屯骑校尉伏无忌与议郎黄景整理国家所藏的五经、诸子、百家、艺术等图书[③]。灵帝熹平时（公元172年），著名学者蔡邕曾受任郎中，“校书东观”[④]。这些整理图书的工作对目录事业的发展提供了良好的条件，但没有编制目录的记载。

东汉一代，目录事业的成就，集中表现在班固所撰的《汉志》上。

《汉志》是《汉书》的一个组成部分，作者班固是东汉初

---

①《后汉书·安帝纪》和卷一一〇《刘珍传》。

②《后汉书》卷一〇八。

③《后汉书》卷五六。

④《后汉书》卷九〇。

年的史学家、文学家和目录学家。他所撰的《汉志》是向、歆父子目录事业的继承和发展。班固的伯祖班斿曾“与刘向校秘书”还常常向皇帝报告校书情况，又因“受诏进读群书”所表现的才能而受到皇帝赐书，可见班斿对向、歆父子的目录事业是深有了解的。从班斿年龄推测，班固完全有可能亲聆班斿讲授有关刘向的事迹。因此，班固对刘向是推崇备至的。他在《汉书·刘向传赞》中举了孔子以后能符合“博物洽闻，通达古今，其言有补于世”标准的几位难得人才，其中就有刘向。《汉书》的贾谊、董仲舒、司马迁等传的论赞，班固都以向、歆父子的言论作为自己的观点。《汉志》的《易序》《书序》《乐序》中多次提到刘向的校书。班固处处表明其与刘向父子的师承关系。他对《汉志》的取材更是直言不讳地说：

“今删其（《七略》）要，以备篇籍。”所以说，班固是在向、歆父子的影响下，继承了《别录》与《七略》的已有成果，进行了剪裁、编次的工作，撰成了《汉志》，创立了新的目录体裁——史志目录。

《汉志》的体裁是前有总序——概述了汉以前的学术概况、汉初至成帝时的图书事业、刘向的校书程序、刘歆的完成《七略》和自己的编成《汉志》等内容。这篇总序既是西汉以前的学术史和目录学史的大纲，又表明了《汉志》的学术渊源。全书分六大类即六艺、诸子、诗赋、兵书、数术和方技等六略。略下分三十八种、五九六家、一三二六九卷（此家数、卷数不确）。各略均有序。各种除《诗赋略》各种无序外都有序。书名的著录方法，有人曾归纳为六种：

“一为先著书名篇数而后系撰人者，如《易经》十二篇，施、孟、梁丘三家即是。

二为先著撰人而后系书名篇卷者，如刘向《五行传记》十一卷。

三为仅著书名篇卷而不录撰人者，如《荆轲论》五篇。

四为即以撰人为书名径系篇卷者，如《陆贾》二十三篇。

五为以撰人的官爵为书名径系篇卷者，如《太史公》百三十篇，《平原君》七篇。

六为加文体于撰人后，即以为书名而系以篇卷者，如《屈原赋》二十五篇。[①]

目录之后，记录了种、家、卷的数目。各书书名下，有的有注，有的无注，如《六艺略·书》十四家和《方技略·医家》七家都无注，而有注的大致又有五种不同的注体：

---

① 钱亚新：《郑樵校雠略研究》。

（1）注撰人：如《急就》一篇，注称：“元帝时黄门令史游作。”

（2）注内容：如《周政》六篇，注称：“周时法度政教。”

（3）注篇章：如《太史公》百三十篇，注称：“十篇有录无书。”

（4）注真伪：如《伊尹说》二十七篇，注称：“其意浅薄，似依托也。”

（5）注附录：如《鲍子兵法》十篇，注称：“图一卷。”

《汉志》以《七略》为主要依据，从宋郑樵始就对此大加抨击。郑樵在《校雠略·编书不明分类论》中说：

“孟坚（班固字）初无独断之学，惟依缘他人以成门户。……律历、艺文则蹑刘氏之迹。”

近人程会昌在《目录学丛考》中更加诋诃说：

“班氏取《七略》旧文以成书，事等钞胥，难言著述，时有小善，未云大雅。”

《汉志》是否仅仅只是“依缘”“钞胥”呢？我看这些评论未免过苛。班固依据《七略》撰成《汉志》，确是事实，但他是作了声明，并且也付出了剪裁、编次的劳动，表现了自己的特色。清代目录学家章宗源在所著《隋书经籍志考证》卷八《七略》条目下特别论列了《汉志》与《七略》的相异各点，持论比较平允。我看从《汉志》本身也可以举出一些二者相承又相异的例子，如：

（1）《汉志》对《七略》著录各书有调整去取之处。这些变动，《汉志》都用“入”“出入”“省”等字样来标明。“入”就是《七略》无而新增入的书，如《六艺略·书》就有“入刘向《稽疑》一篇”。“出入”就是调整归属，如《兵书略·技巧》就有“出司马法入礼也”。“省”就是去掉，有两种情况：一是“省”去大门类，如《七略》有《辑略》，《汉志》去掉《辑略》而把其内容散入各略，这对后人阅读参考提供了方便，这是应予肯定的改进。二是“省”家、“省”篇，如《兵书略》的总计中就写道：“省十家二百七十一篇重”，这是由于这十家和其他略中有重复，经过权衡考虑而去掉的，其中如伊尹、太公、管子、鹖冠子四家即重道家；孙卿、陆贾二家即重儒家；苏子、蒯通二家即重纵横家；淮南王一家即重杂家；墨子一家即重墨家。删除重复应该说是完全必要的。

（2）《汉志》引《七略》文字有所改易：如《初学记》中引有《七略》如下一段文字：“诗以言情，情者信之符也；书以决断，断者心之证也。”而《汉志·六艺略序》中则作“诗以正言，义之用也；春秋以断事，心之符也。”显然是据《七略》而作了改易。

（3）《汉志》改变了《七略》的类属，如《史记正义》引《七略》说，“《管子》十八篇，在法家”，而《汉志》法家无《管子》，而在道家则著录《管子》八十六篇。

（4）《汉志》删略了《七略》的一些题解，如《文选》引有《七略》《邹子终始》的题解，而《汉志》的《邹子终始》则无此题解。《太平御览》引有《七略》的《申子题解》，而《汉志》的《申子》无题解。

（5）《汉志》与《七略》著录书名有不同：如《史记正义》引《七略》说，“《晏子春秋》七篇在儒家”，而《汉志》儒家只著《晏子八篇》，既无“春秋”二字，又增益一篇。

由此可见，《汉志》并非完全因袭《七略》而是自有主张，并对学术作出了一定的贡献：

《汉志》始创史志目录一体，使目录成为地位尊贵的正史中的组成部分，存历代典籍之要，开千百年史志目录之局。草创之功，固不可泯。

《汉志》为后世学术研究保存了必要资料，清代学者杭世骏在《黄氏书录序》中说：

“今夫兰台志汉，何尝不因向、歆，然秦火之后，非此不彰。”①

清季目录学家姚振宗在《汉书艺文志条理·叙例》中也说：

“今欲求周秦学术之渊源，古昔典籍之纲纪，舍是志无由津逮焉。”

即使所著录的内容极简也是有很大参考价值的；如《六艺略·春秋家》有一条著录：

“《太史公》百三十篇。（注）十篇有录无书。”

从这条简略著录中可以了解到三点：

（1）《汉志》撰成时尚无《史记》之名。

（2）全书实有一百三十篇。

（3）班固所见之书已缺十篇。

有些人物由于《汉志》的著录而流传下来，如所著：

“冯商所续《太史公》七篇”一条。

清代学者杭世骏在《两浙经籍志序》中称道此事说：

“经籍之误，所以补列传阙漏，固不为冯商立传，而续史

---

① 清杭世骏：《道古堂集》卷六。

记则志于艺文。”①

由于《七略》自唐以后亡佚，而《汉志》独存，所以还可从《汉志》著录中知道当时的存书和后来的亡佚，可供了解图书状况的参考。

《汉志》的论述也有细密可取之处，清代学者刘毓崧曾引汉、隋二志对法家的解释而加以论断。

《汉志》说：“法家者流，盖出于理官。信赏必罚，以辅礼制。”

《隋志》说：“法者，人君所以禁淫慝、齐不轨而辅于治也。”

刘毓崧即据以论断说：

《汉志》兼言赏，《隋志》专言刑。此则《隋志》之疏不若《汉志》之密。②

为《汉书》作注的是唐人颜师古，他因注《汉书》，当然包括了《艺文志》，主要解释了书名、撰人和内容，如“《汉著记》百九十卷”一条，颜注说：“若今之起居注。”虽寥寥数字，但我们足以了解《汉著记》一书的主要内容。颜注多

① 清杭世骏：《道古堂集》卷六。
② 清刘毓崧：《法家出于理官说》（《通义堂全集》卷十）。

引《别录》和《七略》来注释撰人、师承、内容、版本和书名等等，保存了二书的部分资料。清人王先谦的《汉书补注》又为《汉志》搜集了一些前代的研究成果。

第一部专门研究《汉志》的著作是宋王应麟的《汉书艺文志考证》。《四库简明目录》认为它“持论皆有根据”；但对它增入二十六种不载于《汉志》的古书，却认为是“真伪相杂，颇为蛇足”。姚振宗认为此书是未完之作，他说：

“其书考证本文者二七六条，考证篇叙者七十八条，考证本志所不著录者二十七条。即就所作《玉海》观之，似乎所得不止于此。反复详勘，似其未成之作。（乐家、春秋家、道家皆注云当考，是其未定之词也。）”

姚振宗所撰《汉书艺文志拾补》及《汉书艺文志条理》都有助于阅读《汉志》。

王、姚所著三书均见于开明《二十五史补编》第二册。

《汉志》的读法，清代目录学家章学诚在《校雠通义》中曾提出与史、汉列传比读的方法，他认为“存其部目于艺文，载其行事于列传”，“艺文一志，实为学术之宗，明通之要，而列传之与为表里发明”。如读《诸子略》可与孟荀管晏、老庄申韩列传比读。姚振宗更扩大了比读范围说：“列传之外，纪志书表皆有可以互证之处。”这种读法确可收互证沟通而免于枯燥之效。近人张舜徽先生的《汉书艺文志释例》一文（《广校雠通义》附）对了解《汉志》的义例也能有所裨益。

第二节　古典目录的“四分”与“七分”——魏晋南北朝

一、魏郑默的编制《中经》

魏晋南北朝是一个战争频繁，政局动荡的时代，但图书事业则由于文化发展而有所发展。当时不仅有外来的佛经译书，在文史方面如五言诗、乐府诗、文学批评著作、起居注、地方志和氏族谱等等，在数量上都有所增多，需要搜集整理；而且这对目录学也提出了如何更好地进行分类编目等等要求。

三国时虽是三种政治势力鼎立并相互争战，但也为了粉饰各自的政权而不能完全置文化事业于不顾。魏是三国中的强者，在它夺取东汉的政权后，曾经积极地进行图书征集编目工作。《隋志·序》中概括其事说：

“魏氏代汉，采掇遗亡，藏在秘书、中、外三阁，魏秘书郎郑默始制《中经》。”

《中经》是国家内部藏书目录的意思。撰者郑默，字思元，开封人，仕魏为秘书郎、司徒左长史，入晋后官至东郡太守、光禄勋。郑默在当时社会上很有名气。他在任魏秘书郎时，主管图书工作，“考核旧文，删省浮秽”，撰成《中经》。这部目录久佚，并且由于缺乏具体记载，很难评论它的内容和成就，但从极简略的只言片语中还可以略知一二。在郑默本传中曾记载魏中书令虞翻评价郑默整理图书的成绩是：“而今以后，朱紫别矣。”[①] 所谓“朱紫别矣”，就是用区分两种相近颜色的意思来说明郑默已进行了比较细致的图书分类工作。梁阮孝绪的《七录·序》中说：“荀勖因魏《中经》更著《新簿》。”[②]《新簿》是按四部分类，那么作为它主要依据的魏《中经》大致也是采用的四分法。因此，郑默所撰的《中经》很可能是一部以四部分类的国家图书目录，对我国图书分类学作出了开创四分法的贡献。

蜀偏处西南，依照东汉制度，设立东观收藏国家图书，并派谋臣郤正为秘书郎，主管图书工作。吴据江东，也设有图书专门机构和人员。历史上以除三害故事著称的周处就曾任吴东

---

①《晋书》卷四四《郑袤传》附。

②《隋书·牛弘传》说：“晋秘书监荀勖定《魏内经》，更著《新簿》。”《内经》即《中经》，似荀勖尚订正过郑默《中经》，又据《中经》而著《新簿》，则二者相因关系显然。

观左丞。[1]孙休还任命著名学者韦昭为中书郎、博士祭酒，并“命昭依刘向故事，校定众书”[2]。可见吴还按刘向校书办法进行过整理图书工作。但是，吴、蜀二国是否编制过目录，则尚待发掘史料来加以说明。

二、西晋荀勖的校书与纂辑《中经新簿》

西晋统一，社会经济得到初步稳定，文化也相随得到恢复和发展。图书的征集和典藏工作逐渐展开，图书数量增多，所谓“晋氏承之，文籍尤广”[3]就指此事。因之，目录事业也取得一定的成绩，它主要表现在荀勖的目录事业活动中。

荀勖字公曾，颍川颍阴人（今河南许昌），是西晋著名的世家。初仕魏为从事中郎。入晋后，历官中书监、秘书监至尚书令。他在文学、音乐、目录学等方面都有较高的造诣，为当时人所推重。他在目录学方面主要有以下几项工作：

（1）晋武帝泰始十年（274年），荀勖领秘书监时，和西晋著名学者、中书令张华合作，“依刘向《别录》，整理记

---

①《晋书》卷五八《周处传》。

②《三国志·吴书》卷二。

③《隋书》卷四九《牛弘传》。

籍”[①]。这说明荀、张是依照刘向的遗规来整理国家藏书的，图书用“整理”一词，似以此为最早。这次整理图书的规模很大，可与刘向相比。又据荀勖自称：

“臣掌著作，又知秘书。今复校错误十万余卷书，不可仓卒，复兼他职，必有废顿者也。”[②]

整理图书的工作一定相当繁重，所以荀勖才能以此为理由辞去主管音乐的职任。

（2）晋武帝太康二年（281年），河南汲郡古墓发现一批古代竹简，即后世所谓的汲冢竹书，保存了古代的重要史料。当时就“诏勖撰次之，以为中经，列在秘书”[③]。对于这一记载，我以为是专指对汲冢书的整理编目而言。这里所说的中经是泛称国家目录。它不指荀勖的《中经新簿》。这三句话的意思是说荀勖奉命整理编次汲冢书，专为汲冢书编制一份国家目录，并把汲冢书收列为国家藏书。

（3）荀勖还以郑默《中经》作依据，编制了一部综合性的国家藏书目录，即《中经新簿》。梁阮孝绪的《七录·序》中曾说：

---

①《晋书》卷三九《荀勖传》。

② 晋荀勖：《让乐事表》（见《北堂书钞》卷一〇一引）。

③《晋书》卷三九《荀勖传》。

“晋领秘书监荀勖因魏《中经》，更著《新簿》，分为十有余卷，而总以四部别之。”

又《古今书最》对所收卷部作了具体说明：

“晋《中经簿》：四部书一千八百八十五部，二万九百三十五卷。其中十六卷，佛经书簿少二卷，不详所载多少。一千一百一十九部亡，七百六十六部存。”①

《隋书·经籍志》序中则言明各部所收的图书内容和体制说：

“魏秘书郎郑默始制《中经》。荀勖又因《中经》更著《新簿》。分为四部，总括群书。一曰甲部：纪六艺及小学等书；二曰乙部：有古诸子家、近世子家、兵书、兵家、术数；三曰景（丙）部：有史记、旧事、皇览簿、杂事；四曰丁部：有诗赋、图赞、汲冢书。大凡四部，合二万九千九百四十五卷。但录题及言。盛以缥囊，书用缃素。至于作者之意，无所论辨。”

从上述一些记载中，可以对荀勖《新簿》的情况作如下的概括理解。

（1）荀勖《新簿》系据郑默《中经》而作。它既据《中

① 唐道宣：《广弘明集》卷三。

经》所录之书，也不可免地会参考《中经》的分类。它既标《新簿》就包含有改编的意义。二者相因关系，诸书所载均同。所以郑默《中经》对荀勖《新簿》的分类是有所贡献的。姚名达《中国目录学史·分类篇》嗤“推草创四部之功于郑默者，亦未免失之好立异说”，似不免过当。

（2）《新簿》共分四部，由于有《七录·序》和《隋志·序》的记载，可略知其每部内容，虽史籍已独成部类，但其甲乙丙丁的次序尚为经子史集，与后来经史子集的次序略异。至每部所收内容，姚名达《中国目录学史·分类篇》颇致疑义，如兵书与兵家有何不同，皇览为何列于史，汲冢书为何入于丁部等等，实则均可作适当解释，如兵书与兵家之分或者和古诸子家与近世子家之分，兵书是指古代军事家的著作，而兵家则指近世军事家的著作，也有可能兵书是指军事理论方面的图书，而兵家则指论军事具体问题的不同流派著作。《皇览》是类书之祖，当时尚难成类，其撰集目的是便于魏文帝观览引作史鉴的，列于史部未为不可。至汲冢书，据《晋书·束皙传》所载书目现在所知似当入史部，但汲冢书目是荀勖奉命单编的专门目录，而《新簿》则是在此以前已编好的综合目录，很可能没有把汲目编入而把它附在《新簿》之后，而误为入于丁部。

（3）《新簿》之分四部，历来均无异说。这是对目录分类体制的一种变革，姚名达《中国目录学史·分类篇》认为尚有一类佛经所以应是五部。实则佛经可视为附录。刘宋王俭以佛录、道录附《七志》之后；《隋书·经籍志》也以道佛二家附于卷末，或即导源于《新簿》。

（4）《新簿》的体制是登录书名、卷数和撰人，并有简略的说明，可是没有很好地继承刘向写书录的传统，缺乏对图书内容的评述和论辨。但其可取之处在于记录图书的存亡，这对后来查考图书存佚流传和借此进行图书真伪的考辨都起了提供资料依据的作用，而且也开后来目录书著存亡的先例。

（5）《新簿》所收图书的部、卷数当以《古今书最》所记一八八五部，二〇九三五卷为准。《隋志》序作二九九四五卷，但《隋志》序所记数字时有不确，仍应以《古今书最》卷数为是。

（6）《新簿》，隋唐各志皆作十四卷，实为十六卷。《古今书最》所说："其中十六卷，佛经书簿少二卷，不详所载多少"之语，语意不明。余嘉锡先生以为"原书当有十六卷，盖四部各得四卷，正是因书之多寡分合之以使之匀称。自梁时亡其二卷，《隋志》不注明残缺，而后世多不晓其意矣”。[1]其意似以十六卷为四部目录，每部各得四卷。但是，我以为《古今书最》中的“书簿”是指目录而言，而十六卷目录除佛经目录二卷已失无法计数外，余十四卷目录是四部目录，其所计部卷数即此十四卷所载除佛经外的四部图书总的部、卷数，所以原语如是“其十六卷书簿，少佛经二卷，不详所载多少”，则词意明显易晓。当然，这还缺乏史料依据，只不过是个人的臆测罢了。

（7）荀勖对于图书的装帧和保管也很重视，所谓“盛以缥囊，书以缃素”就是用浅黄色的细绢来写书，然后把书卷放到青白色的丝质袋中。后人有以荀勖疏于编目体制而注重形式加以訾议的。但从整个图书事业来看，良好的装帧和妥善的典藏也是不可或缺的一个环节，不能因其编目有缺点而对此有所非议。

总之，荀勖《新簿》在分类、解题等方面虽有不足之处，但它终究是西晋目录事业成果的集中表现，对目录学的发展增加了一些新的内容，起了一定的推动作用。后来，由于“八王之乱”“五胡乱华”种种不停的动乱，图书遭到了很大的损坏，目录事业也无从开展。西晋政权也随之倾覆。

---

① 余嘉锡：《目录学发微·目录类例之沿革》。

三、东晋李充的确立四部顺序

西晋末年的战乱给图书事业造成了“渠阁文籍，靡有孑遗”的严重结果，元帝建立东晋政权之后就开始征集图书，直到李充整理编目时，其现存图书只有三〇一四卷，比西晋荀勖编目时的存书数减少在一半以上[①]。东晋的目录事业集中表现在李充所编的《晋元帝四部书目》上。

李充字弘度，江夏人（今湖北安陆），东晋的学者、书法家和目录学家，历官至中书侍郎。他曾主持整理图书和编制《晋元帝四部书目》工作。李充编纂这部目录书究在何时，过去若干著作多不明确。李充本传中曾记其编制四部书目一事说：

“征北将军褚裒又引为参军。充以家贫，苦求外出，裒将

---

① 关于东晋比西晋图书究竟减少了多少，过去许多著作往往以三〇一四卷和西晋的二万多卷相比，得出了减少很多，甚至说“才得原十分之一多一点”。这种说法是不确切的。应该注意李充是用《新簿》来核对当时藏书，结果是“其见存者，但有三千一十四卷”，这是指存书的卷数，而《新簿》著录的一千八百八十五部二万九百三十五卷是包括西晋时存、亡书在内的总数，其中亡书一千一百一十九部，存书只有七百六十六部。卷数虽无记载，假如以平均每部有十一二卷书算，那么西晋的现存书不过八九千卷，东晋的现存书应是西晋的三分之一而不是十分之一多一点。

许之为县，试问之。充曰：‘穷猨投林，岂暇择木。’乃除剡县令。遭母忧。服阕，为大著作郎。于时典籍混乱，充删除烦重，以类相从，分作四部，甚有条贯。秘阁以为永制。”[①]

根据这段记载可以大致确定李充编目的时间。褚裒任征北大将军在晋穆帝永和二年（346年）七月，[②]李充在褚幕任参军，出为剡县令，又经母丧，服阕后任大著作郎时，才主持图书整理、分类、编目工作，完成了一部为后世“永制”的目录。所以李充编目的时间，当在晋穆帝二年以后的若干年，上距晋元帝（317—323）时已有二十余年。那么，李充所编目录为什么名《晋元帝四部书目》呢？《古今书最》著录“《晋元帝书目》：四部，三百五帙，三千一十四卷。”[③]其卷数与李充所校书正合，当即李充所编之目。其所以称《晋元帝书目》者，因编目所据者为元帝时所“鸠聚”的图书。

李充所编的目录，由于图书数量较少，“遂总没众篇之名，但以甲乙为次”，[④]也就是说，只有四部，而不立各书的

①《晋书》卷九二《李充传》。

②《晋书》卷八《穆帝纪》：“（永和二年）七月，以兖州刺史褚裒为征北大将军，开府仪同三司。”又参卷九二《褚裒传》。

③ 唐道宣：《广弘明集》卷三。

④《隋志·序》。

类名。它的四部分类虽和荀勖相同，但次序有所变更。清代学者钱大昕曾论及此事说：

“晋荀勖撰《中经簿》，始分甲乙丙丁四部，而子犹先于史。至李充为著作郎，重分四部：五经为甲部；史记为乙部；诸子为丙部；诗赋为丁部。而经史子集之次始定。”[①]

李充的这部分类编次方法，一直被后世所沿用，所谓“自尔因循，无所变革”[②]正说明它在目录事业发展史上的贡献。

四、宋王俭《七志》与梁阮孝绪《七录》的纂辑

南朝历经宋齐梁陈四朝，虽政权迭变，社会动荡，图书屡遭散失；但各朝尚能重视文化，在建立政权后，不断进行搜集、整理，而目录事业也在迂回曲折地发展。

（一）宋的目录事业：

宋承东晋之后，除接管原有的国家藏书外，又加以搜集，藏书日渐丰富。它的目录事业的活动主要是在宋文帝元嘉和后废帝元徽时期：

宋文帝时期，整个社会比较稳定，所据江南地区，经济

---

① 清钱大昕：《元史艺文志·序》。

②《隋志·序》。

和文化都比较发展，目录事业受到一定的重视。据后来的记载，当时曾编制过三部目录书，即：

（1）《晋义熙已来新集目录》三卷。撰者丘渊之，字思玄，乌程人。宋文帝时历官侍中、吴郡太守。[①]此目在《隋志》《唐志》中都著录，《旧唐志》作《杂集目录》。其书已佚，所以体例内容均不可知。唯就其书名推断，似为晋安帝义熙以来的新书目录。又《古今书最》著录《晋义熙四年秘阁目录》一种，则此目也可能是继四年目以后至元嘉前的新编目录。

（2）《四部书大目》四十卷，撰者殷淳，字粹远。《宋书》本传记其编目之事说：

“（淳）少帝景平初为秘书郎、衡阳王文学、秘书丞，中书黄门侍郎。……在秘书阁撰四部书目，凡四十卷行于世。元嘉十一年卒。”[②]

宋少帝景平仅一年（423年），其景平二年就改宋文帝元嘉二年，那么殷淳参与图书工作实在元嘉时。淳任秘书丞，可能正是谢灵运任秘书监时。殷淳的大目或可解释为大要之目，也

---

① 参《宋书》及《南史》的《顾琛传》。

②《宋书》卷五九《殷淳传》。

就是草目的意思，所以，我很怀疑殷淳目与后来著名的元嘉目是一种初、定稿的关系。①

此目《南史》本传作《四部书大目》、《宋书》本传作《四部书目》，均作四十卷。梁阮孝绪《七录·序》作《大四部目》，无卷数，而《唐书·艺文志》则作《四部书序录》三十九卷。其书久佚，难晓其详；但以四部分类著录，则十分明显。或者各书还写有提要，所以《新唐志》方有序录之名。

（3）《元嘉八年秘阁四部目录》，这是著称于后世的刘宋时一部国家目录。《隋志》序记其事说：

宋元嘉八年秘书监谢灵运造四部目录，大凡六万四千五百八十二卷。

这段记事并不确切，前人已有所指出。现对这部目录书的撰著和卷数等作一说明。

《隋志·序》以此目为谢灵运撰成于元嘉八年者。考《宋书》谢灵运本传，谢灵运系文帝元嘉三年诛徐羡之后始“征为秘书监，使整理秘阁书，补足阙文”，但不久即迁官侍中。元嘉五年又托疾东归，不再到建业。所以谢灵运主管图书工作的时间很短，而且在主管期间仅仅只是做了整理、补订图书的工

---

① 汪辟疆：《目录学研究》以殷目在元嘉目之后，但无说明。

作。至于编目一事，本传并未涉及，论赞中也仅论文学成就，于图书编目不著一字。元嘉目是当时重要的国家目录，如谢灵运有其事，沈约不能不入其事于传文，而今谢传缺载。所以元嘉八年谢灵运造四部目录之说是值得怀疑的。那么，元嘉目的撰者究竟是谁呢？我看殷淳的可能性很大，至少殷淳是主要编撰者之一。其理由是：（1）殷淳任秘书丞在元嘉时，与谢灵运同时，只是职任上有主次之分。实际工作由殷淳承担，而谢灵运是主官，可能在谢任秘书监时经始，所以署官衔较高的谢灵运。（2）谢灵运从元嘉五年离建业后再也没有回来，而此目多称元嘉八年撰成，则谢灵运实际未底于成，而殷淳似始终共事，可能元嘉八年完成此目后，才迁官中书黄门侍郎。殷淳至元嘉十一年卒，一直没有离开建业。（3）《南史》和《宋书》的殷淳本传，对他的编四部书目工作都有较详的记载，后来的目录书也多记及。而谢灵运不仅本传未记，即其他目录书也记载不明，如梁阮孝绪的《七录·序》中曾记称："宋秘书监谢灵运，丞王俭；齐秘书丞王亮、监谢朏等，并有新进，更撰目录。宋秘书殷淳撰大四部目。"[①] 这段记载词意含混，宋齐秘书监、丞的位置颠倒，殷淳撰目事又列于

① 唐道宣：《广弘明集》卷三。

齐下，而并有新进，更撰目录。一语只是笼统说明宋齐时，二谢、二王主管图书时都有新增图书，所以要另编新目，并未确指所编何目。又谢灵运与王俭虽同为宋人，但一为文帝元嘉时（426年）任秘书监，一为后废帝元徽时（473年）完成目录，二人相距近五十年，不可能共事，而殷淳撰目则言之凿凿，所谓“宋秘书殷淳撰大四部目”，或即指元嘉八年目而言。又《古今书最》著录《宋元嘉八年秘阁四部目录》一种，并无撰者。《隋志·序》据《七录·序》与《古今书最》而融合之，遂成“宋元嘉八年秘书监谢灵运造四部目录”之说，实难遽信。

《隋志·序》说元嘉目收书“大凡六万四千五百八十二卷”似误。《古今书最》记元嘉目收书“一千五百六十四帙，一万四千五百八十二卷。五十五帙，四百三十八卷，佛经”，其说近理。东晋李充于穆帝永和五年（349年）编《元帝书目》时，四部不过三百零五帙，三千一十四卷。至此元嘉五年（431年），前后不过八十余年，又经东晋末的变乱，若依《隋志·序》六万余卷计则增加达二十余倍，似不可能。若以《古今书最》一万余卷计，则增加三倍，似尚可信。《隋志·序》的数字多有误，此“六万”应以“一万”为是。

元嘉目虽以四部分类，但另有佛经为附录。其四部之下是否有类以及各书是否有题解等等体制问题则以缺乏资料而难晓。

后废帝元徽年间是刘宋目录事业有重要成就的另一时期。元徽元年，著名目录学家王俭同时主持撰成《宋元徽元年四部书目》和《七志》二部目录书。前者是国家目录，后者是私人撰目。《南齐书·王俭传》记其编目情况说：

“王俭，字仲宝，琅玡临沂（今山东）人也。……解褐秘书郎太子舍人。超迁秘书丞。上表校坟籍，依《七略》撰《七志》四十卷，上表献之，表辞甚典。又撰定《元徽四部书目》。”

又《宋书·后废帝纪》记称：

“元徽元年八月，王俭表上所撰《七志》卅卷。”

王俭在目录事业上的贡献主要在刘宋时期，但他却是跨越宋、齐两朝的人物。他虽在刘宋曾尚公主，属于贵戚；但却积极参与了齐高帝萧道成夺取刘宋帝位的政治活动，并在齐任侍中、尚书令和中书监等职。从《南齐书》的本传来看，王俭是先编《七志》，后撰《元徽四部目录》的，可是梁阮孝绪《七录·序》说：“俭又依《别录》之体撰为《七志》”，《隋志·序》也说：“俭又别撰《七志》”，则似元徽书目在前而《七志》在后。后世学者对于这二部目录孰前孰后也多各执一说。我认为二书同撰成于元徽元年，当无疑问；但从二书卷帙繁简看，似《七志》著手在前，中途又主持元徽书目的编撰，二者有相互补益、相互影响的关系。至于所谓“又撰”者，不一定指先撰一书，再撰一书，而是作“另外”的解释，即此书外另外还有一书的意思。

元徽书目，据清人章宗源考证有四卷。① 全目按四部分类编次，共收书二千二十帙，一万五千七十四卷，② 与元嘉目收书相差不多，推测它可能就是当时国家藏书的登录簿，没有更多的变易。后来学者有主张它是在《七志》基础上按四部分编的一部简目，也不是毫无理由的。

《七志》的成就远远超过元徽书目。它不仅开私人编目之端，而且还为目录事业增添了新内容。《隋志·序》记它的体制说：

“俭又别撰《七志》：一曰经典志，纪六艺、小学、史记、杂传；二曰诸子志，纪今古诸子；三曰文翰志，纪诗赋；四曰军书志，纪兵书；五曰阴阳志，纪阴阳图纬；六曰术艺志，纪方技；七曰图谱志，纪地域及图书，其道佛附见，合九

---

① 清章宗源：《隋书经籍志考证》史部簿录。

② 梁阮孝绪：《古今书最》（《广弘明集》卷三）。又《隋志·序》作一万五千七百四卷。

条，然亦不述作者之意，但于书名之下，每立一传。而又作九篇条例，编乎首卷之中，文义浅近，未为典则。”

这是在有关《七志》的记载中比较详细的一种。但尚欠完备，有些地方也还需加以订正商榷。

《七志》的体制在分类上是有意改变魏晋以来的四分成法，而要上承《七略》的遗规，所以任昉就说过：

“元会（王俭）初选秘书丞，于是采公会（荀勖）之《中经》，刊弘度（李充）之四部，依刘歆《七略》，更撰《七志》。”①

梁阮孝绪《七录序》中也说：

“（俭）又依《别录》之体，撰为《七志》。”

从任、阮之说看，王俭的分类是改变李充的四部分类法，参考荀勖的《中经新簿》，而主要依照向、歆父子的分类法，只是略改《七略》的部名：

六艺略——经典志

诸子略——诸子志

诗赋略——文翰志

兵书略——军书志

① 梁任昉：《王文宪集·序》（《昭明文选》）。

数术略——阴阳志

方技略——术艺志

这些改称，实在还不如《七略》明确。而把已有一定数量的史籍又从独立部类降入经典志中，更不免有削足适履之讥。同时，由于还不足七分之数，于是又增立一个《图谱志》，把原来散附的图谱集为一志。宋代目录学家郑樵非常推重立此一志说：

“刘氏《七略》，只收书不收图。……惟任宏校兵书，有图四十卷，载在《七略》，……王俭作《七志》，六志收书，一志专收图谱，谓之《图谱志》。不意末学而有此作也。”①

郑氏纯为个人立论寻求历史依据，实则王俭仅为凑成七志之数而已，正如余嘉锡先生所指出：

“王俭图谱一志，最为郑樵所称，实则各书之图，本可随类附入，俭第欲足成七篇之数，故立此志耳，未必如樵所云云也。”②

实际上，《七志》也并不仅仅为七分，其后尚有附录二，成为九部。《隋志·序》以为“其道、佛附见，合为九

---

① 宋郑樵：《通志·图谱略》。

② 余嘉锡：《目录学发微》十《目录类例之沿革》。

条”，即以道经录、佛经录为二附录，其他一些目录书也多同此说；但是，我认为《七录·序》中有一段话一直被忽略，就是：“其外又条《七略》及两汉《艺文志》《中经簿》所阙之书，并方外之佛经、道经，各为一录。”这段话意义很明显：一个附录是晋《中经》以前各目录书的阙书目，其中有漏列的，也有是后出的，这正是《今书七志》之名的由来。所谓“今书”，指当代著述，这种著录方法不仅扩大了著录范围，而且也为后世提供了检核典籍存佚的方便。另一个附录则是道佛经录。

《七志》又为仿效《七略》的《辑略》而在卷首写列九篇条例作为各部小序。《隋志·序》评论这九篇条例“文义浅近，未为典则”。由于本书已佚，难定是非。尽管如此，王俭改变西汉以来目录书无小序状态，恢复向、歆父子辨章学术传统的贡献是应予肯定的。但是，他却没有很好地继承书录的良规，所谓“不述作者之意”正是其不足之处。不过，他尚能“于书名之下，每立一传”[①]，开创了书目解题体制中的传录体，仍不失为有所创新。

《七志》的卷数，各书记载不同，《南齐书》本传作四十

①《隋志·序》。

卷。《宋书·后废帝纪》作三十卷。《隋志》题《今书七志》作七十卷，《新唐志》作七十卷，有梁贺踪补注。因原书已佚，无从确定准数，当以本传为据。七十卷之说可能有两种情况，一则或是《隋志》误将四十卷与三十卷合作七十卷，因此三数正巧合；一则或是由于贺踪补注而卷帙有所增加。

总之，《七志》虽有类例不明，论辨不足等等缺点；但是，它的私人编目，著录今书，创立传录都是前人所无。这是王俭在目录学研究上的成就，也是刘宋时期目录事业上的重大进展。

（二）齐的目录事业：齐继宋后，立国日浅。藏书增加不多，目录事业也未见兴盛。阮孝绪《七录·序》说："齐秘书丞王亮、监谢朏等，并有新进，更撰目录。"并未明言所著何目。《古今书最》著称："齐永平元年秘阁四部目录，五千新足，合二千三百三十二帙，一万八千一十卷。"所谓"五千新足"意即新增图书五千卷，合为一万八千余卷，比宋元徽目所收一万五千余卷，所增不过近三千，则宋齐之交散失图书有二千余卷。《隋志·序》虽沿用阮说，但志中并未著录此目，核之《南史》王、谢本传：王亮字奉叔，仕齐任秘书丞；谢朏字敬冲，仕齐领秘书监；但并未著编制目录之事。可见永明目并无突出成就，所以史家既不以此事入史传，而目录家也未加著录。南齐对目录事业可以说没有作出什么贡献。

（三）梁的目录事业：梁是南朝文化最发达的时期，图书目录事业也有显著的发展与成就。齐梁之交，图书损失比较严重。《隋志·序》称这次的散失情况是："齐末兵火延烧秘阁，经籍遗散。"梁武帝建国后，特别重视图书的搜集、典藏和整理。不仅在文德殿列藏众书二万三千一百六卷，还在华林园中集中了佛教经典，由著名学者任昉亲自主持整理工作。并广征异本校订藏书，经过任昉的"手自雠校"，于是原来"篇卷纷杂"的混乱情况，一变而为"由是篇目定焉"[①]。为编制目录提供了良好的基础。

梁的目录事业在南朝中也是颇为繁盛的。它不仅有国家目录、私家目录，而且还有专门目录。

梁的国家目录，根据后来的记载有三部：

（1）《天监四年（505年）四部书目》。此目两《唐志》著录作四卷，丘宾卿撰。余嘉锡先生考证：丘宾卿在《梁书》及《南史》中均无传，不知为何人。此目"实即《隋志》之刘孝标梁文德殿四部目录"，而丘宾卿"亦校书学士之一

①《梁书》卷一四《任昉传》。案任昉既编定篇目，则编制目录书的可能性很大。汪辟疆的《目录学研究》中曾说："刘孝标文德殿四部目以前似尚有任昉躬自部集之秘阁目录矣。"是颇有见地的。

人”[1]。也即《古今书最》中所列的“《梁天监四年文德正御四部及术数书目录》，合二千九百六十八帙，二万三千一百六卷”。这部目录的编撰者刘孝标本名法武，后改名峻，平原人，梁天监中与学士贺踪“典校秘书”[2]。《隋志》著录这部文德殿目录称四部是不确切的，因为其术数之书已另由数学家祖暅编为专目，实际上已是五部目录，因而《古今书最》所列全名，最称完备妥善。

（2）《梁天监六年四部书目录》四卷。《隋志》簿录类著录，题梁殷钧撰。《古今书最》也著录说：“（梁）秘书丞殷钧撰《秘阁四部目录》，书少于文德殿书，故不录其数也。”而《隋志·序》却说：“梁有秘书监任昉、殷钧四部目录。”似为任、殷合撰。考《梁书》任传仅言其“手自雠校”，有可能编一目录，但史文未载。而《南史》殷传则有明确的记载说：

“殷钧字季和……梁武帝……以女永兴公主妻钧，拜驸马都尉。历秘书丞，在职启校定秘阁四部书，更为目录。又受诏料检西省法书古迹，列为品目。”

① 余嘉锡：《目录学发微》八《目录学源流考中》。
②《南史》卷四九《刘峻传》、《梁书》卷五〇《文学传》。

这样，殷钧不仅编有图书的综合目录，而且还编有艺术品专门目录。《隋志·序》并言任昉，或因他名高位崇，遂首列其名。

此目不知收书若干，仅知少于文德目，借此可知，此目当撰于文德目之后。

（3）《梁东宫四部目录》四卷，刘遵撰。《隋志》簿录类著录此目。撰者刘遵字少陵，官太子中庶子。《南史》有传。传中未载编目事。按其题名，似为太子藏书所编之目。

私人目录至梁时似已较普遍，凡有藏书者即有目。阮孝绪撰《七录》多据诸家私目，所以《七录》序中特标举其事说：

“凡自宋、齐已来，王公搢绅之馆，苟能蓄集坟籍，必思致其名簿。”

梁时最早的私人目录是任昉目，任昉是梁初著名学者。他藏书万余卷，“率多异本”，死后，梁武帝派沈约、贺踪来“勘其书目”，把国家藏书所没有的一部分图书取走。[①]这部被沈、贺查对的书目，显然就是任昉的私人藏书目，可惜未获流传。而在后世能略知概况并有重要影响的著名私人目录则推阮孝绪的《七录》。

①《梁书》卷一四《任昉传》。

阮孝绪（479—536），字士宗，尉氏人。生于刘宋末年，卒于梁大同二年。他从事目录事业主要在梁普通时。他和过去的目录学家有很大的不同。从向、歆父子起到王俭止，几乎都有比较显要的政治地位，不仅能尽窥国家藏书，私人藏书也富，又有助手共理，成目较易。而阮孝绪是一个被称为“处士”，并没有政治地位的普通学者，缺乏许多必要的物质条件，所以他必需尽量利用前人的成果，加以总括继承，他对目录事业所作的贡献应该是更可贵的。他曾自述其辛勤治学和成书经过说：

“孝绪少爱坟籍，长而弗倦；卧病闲居，傍无尘杂。晨光才启，缃囊已散；宵漏既分，绿帙方掩。犹不能穷究流略，探尽秘奥。每披录内省，多有缺然。其遗文隐记，颇好搜集。凡自宋、齐已来，王公搢绅之馆，苟能蓄集坟籍，必思致其名簿。凡在所遇，若见若闻，校之官目，多所遗漏，遂总集众家，更为新录。其方内经史至于术技，合为五录，谓之内篇；方外佛道，各为一录，谓之外篇。凡为录有七，故名《七录》。”①

《七录》的体制和撰者意旨，虽然由于原书久佚，不能全

① 梁阮孝绪：《七录·序》。

部了解，但所幸《广弘明集》卷三保存了《七录·序》和所附的《古今书最》，使后人不仅得知《七录》的基本概况，而且还对梁以前的目录事业能略得轮廓，成为古典目录学研究中的重要参考文献。阮孝绪编撰《七录》对古代目录事业和古典目录学的研究是作出了极大的贡献。根据《七录·序》可以知道该书的基本体制和成书缘由的大致情况：

（1）《七录》的体制主要参酌刘歆《七略》和王俭《七志》而自定新例。

（2）《七录》分为内外篇：内篇有《经典录》《记传录》《子兵录》《文集录》和《术技录》等五录；外篇有《佛法录》《仙道录》等二类。全目共为十二卷。

（3）《七录》共收书五十五部，六千二百八十八种，八千五百四十七帙，四万四千五百二十六卷。

（4）《七录》创编于梁普通四年仲春。在编撰过程中曾得到友人刘杳的无私帮助。

《七录》的特色和主要成就是：

（1）《七录》的编目条件和过去不同。前此的目录书多是就国家藏书而编撰，即使如王俭的《七志》虽属私人目录，但也是在编元徽书目的时候进行的，又有主管图书的职权便利，所以使用图书方便；而阮孝绪不具备这些条件，所以他只能根据一些私人藏书家目录和“官目”来整理编目。经过官私目相校，发现官目“多所遗漏，遂总集众家，更为新录”。这说明《七录》是继承和总括了前人的目录成果，是比较完备的一个综合目录。开启了研究前人目录之端，摆脱了单纯登录藏书的局限。

（2）《七录》在分类上有所创新。它从图书数量的现实出发，把史籍又从附庸地位提到独立部类上来，专立《纪传录》。同时，在部类之下又分细类，推动了分类学的发展，对于后世的分类也有重要影响。即如《纪传录》下所分十二细类，虽以后有分合易名的不同，但它是史部划分细类的开始，有重要的参考价值。《隋志·序》也肯定它的分类是“其分部题目，颇有次序”。

（3）《七录》“总括群书四万余，皆讨论研核，标判宗旨”，介绍了作者事迹和图书的流传情况。虽然《隋志·序》中批评它“剖析辞义，浅薄不经”，簿录类序中又说它“大体虽准向、歆，而远不逮也”；但是，不能不看到阮孝绪是在“内寡卷帙”“傍无沃启”，即既少藏书，又无助手条件下，力争恢复向、歆父子书录传统所作的努力，其精神是可贵的，其成就是值得肯定的。

（4）《七录》的七分和类名是经过一定研究而确定的，这在序中有较详的说明。它不像王俭名为《七志》实则九分那样牵强。它把根据文德殿五部目录体例的图书分作五录列为内篇，而以佛法、仙道作为二录列为外篇，既表明列佛道为附录的含义，又确为七分，名实取得一致。

（5）阮孝绪自称《七录》收书之广，已使“天下之遗书秘记，庶几穷于是矣”。以其所收四万四千余卷较之文德殿书目所收二万三千余卷，增加二万一千余卷，几近于一倍。阮氏之语，确非自诩。在南北朝这样一个动乱时期，阮孝绪能在比较差的条件下，独力完成这样一部搜罗比较完备的图书目录，确是古代目录事业中的一项重大成就，对古典目录学也作出了应有的贡献。

在肯定阮孝绪及其《七录》的贡献与成就的同时，我认为不能忽略刘杳在这一事业中的功绩。《梁书·文学传》记刘杳的生平说：

“刘杳，字士深，平原人也。少好学、博综群书。沈约、任昉以下，每有遗忘，皆访问焉。自少至长，多所著述，撰《古今四部书目》五卷行世。”

刘杳的这部《古今四部书目》五卷，篇帙少，后来也未见著录，可能是一部在收集资料过程中的草稿而被传钞行世。这应算作是梁时私人目录的一种。当刘杳获知阮孝绪已着手编撰《七录》时，就毫不犹豫地把自己抄集的资料草稿全部赠与阮孝绪以助成《七录》。阮孝绪也不没刘杳之劳而在序中记称：

“通人平原刘杳从余游，因说其事。杳有志积久，未获操笔，闻余已先著鞭，欣然会意，凡所抄集，尽以相与，广其闻见，实有力焉。斯亦康成之于传释，尽归子慎之书也。”

刘杳这种不隐秘所得，成人之美的情操表现了学者的胸襟。凡论及《七录》，定当表述及此，可惜某些有关著作对刘杳的这一功绩都没有给以应有的评价。

梁对目录事业的另一重要贡献是专门目录如佛录的编撰。佛录的编撰始于魏晋，其中有名的如东晋释道安所撰的《综理众经目录》，但都已佚失。现存的最早佛经目录是梁释僧祐所撰的《出三藏记集》。释僧祐生于宋元嘉二十二年，卒于梁天监十七年，年七十四岁。他是南朝的名僧，曾和著名文学批评家、《文心雕龙》的作者刘勰共同居处十余年。所著《弘明集》保存了南朝佛与反佛斗争的重要资料。而《出三藏记集》则是一部著名的专门目录。

《出三藏记集》十五卷，是中国翻译佛家经律论三藏各书的目录。它开辟了目录学编纂体制的新方式，即在总序外，又分撰缘起、诠名录、总经序、述列传四部分记述，其中总经序部分辑录各经的前序后记，不仅可使人借知译经经过及内容，起到了解题、提要的作用。而且还为专门目录创立体制，清朱彝尊的《经义考》就仿此而录各经序跋。述列传部分记译经人生平，多有涉及与世俗交往的资料，可备魏晋以来史传的参证。

《出三藏记集》还起到保存一部分魏晋以来学者著作资料的作用。如释道安的《综理众经目录》由于释僧祐的引用，使后人能够知道这部亡佚的佛录的体制是“始述名录，诠品译才，标列岁月”，是着重评论译书水平的目录书。又如各经序多出六朝名人学者之手，清代严可均辑《全南北朝文》即将此书卷七全部采入。它所著录佛经也为后来补作史志目录所取资。陈垣先生的《中国佛教史籍概论》论此书证史作用甚备，并置右录于全书之首。所以，此书诚为对后世具有重要影响与作用的一部目录学名著，为梁的目录事业增添了光辉。

梁至元帝时，图书增加甚多，集中在元帝立都的江陵者就有十数万卷，[①] 这些图书在北周攻破江陵时全部被焚。使大量

---

① 元帝聚书数记载不一，《金楼子》作八万卷，《隋志》作“七万余卷”，《通鉴》卷一六五作“十四万卷”，《南史·元帝纪》和《北齐书·颜之推传》均作“十余万卷”。余嘉锡先生考定为十余万卷，今从余说。

的图书遭到一次浩劫。目录事业也因梁朝遽尔灭亡，未遑从事。

（四）陈的目录事业：由于梁末图书毁损严重，陈初虽经搜集，仍然缺漏甚多，而且图书质量也很差，所谓“纸墨不精，书亦拙恶”，[1]加以国势衰弱，偏处一隅，目录事业，无暇顾及，成为南朝中成就最差的时期。根据《隋志》的著录，陈有国家目录四种，即：

（1）《陈秘阁图书法书目录》一卷，不著撰人。此目当为记录书画的专门目录。

（2）《陈天嘉六年寿安殿四部目录》四卷，不著撰人。此目是陈文帝天嘉年间对图书进行聚集后所编，但比过去遗阙很多，所以《隋志·序》中特加标明说：“陈天嘉中，又更鸠集，考其篇目，遗阙尚多。”

（3）《陈德教殿四部目录》四卷，不著撰人。

（4）《陈承香殿五经史记目录》二卷，不著撰人。

后二目可能是部分藏书的专目。

五、北朝的校书与目录

北朝是指和南朝并存，占据北方广大地区的几个少数民族

①《隋志·序》。

政权而言。它们要从汉族统治政权吸取统治经验，并受到汉族封建文化的一定影响。虽然图书目录事业没有显著的发展，但也做了一些征集、整理的工作。它们主要是北魏、北齐和北周。

（一）北魏的目录事业：北魏是北朝汉文化程度较高的朝代。它从立国之始，道武帝就采纳博士李先的建议，“唯有经书三皇五帝治化之典，可以补王者神智”，而下令征集图书。[①] 至孝文帝时，积极推行鲜卑人汉化的政策。他在迁都洛阳后，曾命人检查了北魏缺少图书的情况，编定《魏阙书目录》一卷，到南齐去按目借书。南齐藏书本不繁富，而北魏尚向它求缺书，则北魏藏书之少可想而知。不过，《魏阙书目录》则是北朝唯一见于著录的一部目录，也是北魏目录事业唯一可算作贡献的标志。宣武帝时，秘书丞孙惠蔚曾上疏请求征集整理图书，开始了有一定规模的“校书”活动。这次“校书”取得了“裨残补缺”校考定本的成绩，但没有把校书的全部成果凝结为一部国家目录。史传中也没有留下编目工作的记载。不过，孙惠蔚的这篇奏疏却成为古代图书事业中的一篇重要参考文献，而更值得注意的是在疏文中曾说：“臣请依前丞

①《魏书》卷三三《李先传》。

臣卢昶所撰《甲乙新录》……”可见孙惠蔚确曾见过一部国家书目[①]。卢昶编目一事在其曾祖《魏书·卢玄传》中并无一字道及，仅言其于孝文帝时任秘书丞。则卢昶编《甲乙新录》当为孝文时。孝文时制《阙书目录》向齐借书，则其事先必当先编已有书目录，方可知所阙书，其意甚明。所以《甲乙新录》一目，或当确有其事。至所谓甲乙当即荀勖所谓甲乙，因北魏与东晋隔绝，所以甲乙不是李充经史之次，而是荀勖经子之次。《甲乙新录》可能就是经子目录，或者由于卢昶迁官，四部目录未能完成，《甲乙新录》仅为未完稿，所以未能传世，也就无从见诸著录。但此目却为北魏目录事业增一重要内容。

（二）北齐的目录事业：北齐文宣帝天保七年曾为供皇太子阅读，命樊逊等十一人“校定群书”[②]，但是否编撰目录，史传未见记载。隋代学者牛弘的《请开献书之路表》中曾说：“高氏据有山东，初亦采访，验其本目，残缺犹多。”[③]既说“验其本目”，则牛弘尚得亲见高齐所编国家目录而复按它的残阙。这样，北齐也有它的目录事业。唐代史学家刘知几在《史通》中提到北齐时有宋孝王曾撰《关东风俗传》（初

①《魏书》卷八四《儒林传·孙惠蔚传》。
②《北齐书》卷四五《文苑传·樊逊传》。
③《隋书》卷四九《牛弘传》。

名《朝士别录》，入周后改名），记北齐邺下之事。书中有《坟籍志》，“唯取当时撰著”。这种记载当代著作的体制得到刘知几的赞扬。而在讲地方事务著作中记时人著作，也开后世地方目录的先声。如此，北齐的目录事业中也有可称道的成就。

（三）北周的目录事业：北周明帝即位后，“集公卿以下有文学者八十余人于麟趾殿，刊校经史”，[①] 但未闻有编目之事。《隋志·序》说：

“保定之始，书只八千”，保定是北周武帝年号，仅有一年，而唐封演的《封氏见闻记》卷二记，“后周定目，书止八千”，八千之数正合，也可见周武帝时或曾编过国家目录。

总之，北朝虽然在图书的整理、编目方面做了一些工作，但对目录事业的贡献颇逊于南朝。而南朝的发展在整个目录事业发展史上也不是很快。目录事业就在这种极为缓慢发展的进程中，由于隋的统一，获得了良好的条件，而进入到一个有显著成就的隋唐阶段。

---

①《周书》卷四《明帝纪》。

第三节　官修目录与史志目录的发展——隋唐五代

一、隋初对国家藏书的登录　许善心的编制《七林》《大业正御书目录》的纂辑

隋的统一，结束了南北朝分立动乱的局面，为文化的发展扫清了道路。隋文帝建国后，接受了当时著名学者牛弘的建议："分遣使人，搜访异本，每书一卷，赏绢一匹，校写既定，本即归主。"[①]鼓励了民间的献书。平陈以后，见于陈的图书有不少"纸墨不精，书亦拙恶"，又召集工书之士补续补缺，缮写正副二本加以典藏。由于采取了这些积极措施，所以"一二年间，篇籍稍备"，[②]藏书量达到三万余卷，为目录事业的开展奠定了重要的物质条件。隋文帝之世，曾多次编制国家目录，史书中多有记载。

《开皇四年四部目录》四卷，《隋志》、两《唐志》均著

①《隋志·序》。

②《北史》卷七二《牛弘传》。

录此目，但不著撰人。《旧唐书·经籍志·后序》中说：“隋氏平陈，南北一统，秘书监牛弘奏请搜访遗佚，著定书目，凡三万余卷。”核以当时牛弘所居秘书监官位，编目正其所司，那么，开皇四年目当为牛弘所主持编撰。牛弘字里仁，安定鹑觚人（故城在今甘肃灵台县东北），隋初任散骑常侍秘书监，是当时著名学者，曾上《请开献书之路表》，历叙图书聚散的历史，分析了图书散失的原因。这就是后世著称的“五厄论”。他要求动用政权力量，悬定赏格，征求图书。隋文帝接受这一建议并付诸实施，取得了成效，牛弘因之进爵奇章郡公。牛弘在收集、保护、整理图书等方面作出了应有的历史贡献，为隋的目录事业增添了光辉。明代学者胡应麟评论说：“隋之书籍，所以盛绝古今者，奇章力也。”[①] 牛弘后官至上大将军，大业六年十一月卒，年六十六岁。[②] 牛弘的《请开献书之路表》后来成为《隋志·序》的主要依据之一。

四年以后，可能由于图书增加和重新整理，又有《开皇八年四部目录》四卷，《隋志》著录，也不著撰人，当是一种官簿，史文阙记，所以具体情况无从了解。

---

① 明胡应麟：《经籍会通》。

② 牛弘生平参《隋书》《北史》本传。

两《唐志》著录有《开皇二十年书目》四卷，题王劭撰。劭字君懋，晋阳人，北齐时任太子舍人，很得当时著名学者魏收、杨休之等的器重，入隋后，先后任著作佐郎、员外散骑常侍、秘书少监等官，主管国史编撰工作近二十年，著书多种，本传记录颇详，但此目本传及《隋志》均失载。在《隋志》中还著录了《香厨四部目录》四卷，也不著撰人；但是，关于它的记载更缺，连所谓香厨何所指也不可考。隋文帝时的这几种目录书，从资料缺乏看，可能当时由于内容一般并未引起很大的重视，影响不大；从各目卷数相合看，有很大可能都是源于开皇四年目，在某一时期，据目查核库藏，稍有损益，重写一目，即以该年标目。而香厨书目则似为专门藏书之目。史文缺载，只能臆测一些可能。

隋文帝时虽有多目，但主要只是国家藏书的登录簿，是目录事业中的例行工作，成就贡献甚难论述。但是，开皇十七年许善心所撰《七林》，虽属私人撰目，却是隋目录事业中值得重视的一项成就。《隋书·许善心传》记其撰《七林》事较详说：

"许善心，字务本，高阳北新城人也。……家有旧书万余卷。……（开皇）十七年，除秘书丞。于时秘藏图谱，尚多淆乱。善心放阮孝绪《七录》，更制《七林》，各为总叙，冠于篇首。又于部录之下，明作者之意，区分其类例焉。又奏追李文博、陆从典等学者十许人，正定经史错谬。”

这是关于《七林》的唯一记述。从中看到许善心不仅编撰了《七林》，还主持了整理图书的工作。就此寥寥数行记载，可知《七林》可能在每一部类前都有一篇总叙，而所谓“部录之下，明作者之意”，则似每种著录图书又有阐明作者意旨的题解或提要，然后按照学术源流再区分细类。如果我对原记载的这种理解恰当的话，那么，《七林》可以说是一部体制比较完备的私人目录，超越了《七志》《七录》的成就。可惜原目佚而不传，而《隋志》及序又失于记载，致使后人难以得到更多的了解，但它是隋目录事业中的重要成就，则应毋庸置疑的。

炀帝继立以后，图书事业得到很大的发展，他不仅在数量上有所增加，而且还在装帧、典藏各方面都采取了前所未有的积极措施，如按书的质量分为上中下三品、装上不同颜色质料的卷轴以示区分，增建书库分类藏书。并派学者柳䛒（顾言）对国家藏书三十七万卷进行整理，“除其重复猥杂，得正御本三万七千余卷”[①]。所谓正御本就是经过校定后进奏给皇帝的

①《北史》（《玉海卷五二引》）。

正本，也就是选后送东都收藏的国家正式藏书，并编成《隋大业正御书目录》九卷。唐初平王世充后，把东都藏书载回长安时，遇水漂没，图书损失十之八九，藏书目录也有残缺。据此残目尚载图书一四四六六部，八九六六六卷，[①]较之大业目三万七千余卷，增加近一倍半。这部残目未见明文著录，但或是大业目后续补的官簿。隋炀帝时除四部目录外，还把集聚在内道场的道佛经，“别撰目录”，而据《隋志》著录尚有《法书目录》六卷和《杂仪注目录》四卷，似乎是一些专门目录。炀帝在位十数年，聚书数十万卷，编目数种，目录事业可谓比较兴盛。而《大业正御书目录》成就尤著，它不仅总括了前此的图书概貌，而且为唐初编撰《隋书·经籍志》提供了重要依据。可惜其目久佚，《隋志》也未见著录。

二、唐初的编撰《隋书·经籍志》

唐继隋后，出现了统一稳定的局面，社会经济有所恢复，文化事业得到相应的发展，对于图书的搜求也有所注意，建国之初，除得隋旧藏八万余卷外，又接受令狐德棻建

---

①《隋志·序》。

议，“购募遗书”，“数年间，群书略备”[①]。太宗以后各朝都有比较正规的校书活动。而唐初是否有编制目录之事则不见记载。所以明代学者胡应麟认为唐初“诸臣亦绝无目录之修”[②]，后人也多沿此说。但唐初无目录之说似不确切。一则魏徵于受命校书时已着手编目工作，写有各书序录，此在毋煚《古今书录》序中指斥开元《群书四录》未惬之处五点时所说“书序取魏文贞”[③]一语可为明证。二则唐初修《隋书》时，综述五代行事撰成各志，其《经籍志》为史志目录中的巨作，何得谓为“无目录之修”。所以说唐初贞观时期目录事业实已开始，而《隋书·经籍志》之作，在目录事业发展史上，又是一绝大贡献。

《隋志》是唐初编纂的一部目录书，是继《汉书·艺文志》以后的一部重要史志目录。它主要依据隋唐时国家藏书，并参考它以前的有关目录书而编成的。

《隋志》虽列于《隋书》，但它包括了梁、陈、齐、周、隋五代官私书目所载的现存图书。

《隋志》的撰著，旧题魏徵，实际上还有李延寿和敬播二

①《旧唐书》卷七三《令狐德棻传》。

② 明胡应麟：《经籍会通》。

③ 唐毋煚：《古今书录·序》（《旧唐志》）。

人。据《旧唐书·李延寿传》载称：

“贞观中，（延寿）累补太子典膳丞、崇贤馆学士。尝受诏与著作佐郎敬播同修《五代史志》。”

《旧唐书·经籍志》中记开元时校书事也说：

“开元三年，整比内库书籍，所用书序或取魏文贞，所分书类皆据《隋经籍志》。”

所以，清人姚振宗便对《隋志》的撰者作了如下的结论说：

“大抵是志初修于李延寿、敬播，有网罗汇聚之功；删订于魏郑公（徵），有披荆剪棘之实。撰人可考者凡三人。”①

《隋志》的材料依据，它在《总序》中曾概括地说：“远览马史班书，近观王阮志录。”从全书看来，确是如此。它远受《汉志》影响，近承《七录》绪余，又参考前代目录，对唐以前的图书状况进行了一次总结。这种承受关系，可以从《隋志》的本身清楚地看到。

《隋志》在各部、类之末都仿《汉志》例写序，简要地说明诸家学术源流及其演变。各部小序中都分别说明与《汉志》的继承关系：如经部序说：“班固列六艺为九种，或以纬书解经，合为十种。”史部序说：“班固以史记附春秋，今开其

① 清姚振宗：《隋书经籍志考证》。

事，凡十三种，别为史部。”子部序说：“《汉书》有诸子、兵书、数术、方技之略，今合而叙之为十四种，谓之子部。”集部序说：“班固有诗赋略，凡五种，今引而伸之，合为三种，谓之集部。”这些可证其与《汉志》的相承关系。

《隋志》和《七录》的关系尤为明显。《隋志·总序》是目录学文献中的重要篇什，但它的主要内容即据《七录》叙目和隋牛弘的《五厄论》。《隋志》除史部中正史、古史、杂史、起居注四篇不用《七录》体例外，其余“或合并篇目，或移易次第，大略相同”[①]。《四库提要》中更明确地指出《隋志》与《七录》的关系，在《目录类·崇文总目》条说：“《隋书·经籍志》参考《七录》，互注存佚。”在“释家类”小序中又说：“梁阮孝绪作《七录》，以二氏之文别录于末，《隋书》遵用其例，亦附于志末，有部数、卷数而无书名。”

《隋志》对前此诸目，如隋国家目录《大业正御书目录》和其他诸目均搜集整理加以著录，列为《史部·簿录类》，它的小序就说：“先代目录，亦多散亡。今总其见存，总为簿录类”，并将前此诸目的见存书汇为一编，正如《隋志·总序》

① 清姚振宗：《隋书经籍志考证》。

中所说：

“今考见存，分为四部，合条为一万四千四百六十六部，有八万九千六百六十六卷。”

这是《隋志》汇聚旧目的部、卷数。撰者对这些又删去了“文义浅俗，无益教益者”，附入了“辞义可采，有所弘益者”[①]。通计亡书实收了六五一八部，五六八八一卷，并明记其数于志末。

《隋志》的收录以撰人卒年为断。凡隋义宁二年（即大业十四年，公元618年）以前者收录，唐初始卒者一概不录。所以“唐初诸人如陈叔达、萧瑀、虞世南、魏徵之流皆卒于显庆元年以前，并有文集，而《经籍志》绝不阑入。他如陆德明、孔颖达、颜师古等注释经史之书俱用此例，足以见其界限之严矣”。[②]

《隋志》按经史子集四部分类。四部分类，虽然始于魏晋，但现存以四部分类的目录书，则当以《隋志》为最古。但是，细察《隋志》的分类，它并非是严格的四分，因为它后面还附有道、佛二录，实际上是六大部类。在部下分类：计经十

①《隋志·序》。
② 清刘毓崧：《千金方考》上篇（见《通义堂文集》卷十一）。

类，史十三类、子十四类、集三类，道四种，佛十一种。类下著书，佛、道只计部数，不著书名。在四部中值得注意的是史部。史部不仅有了独立的部类，而且还有了部类的名称，这是史学发达、史籍增多的必然结果。史部分十三细类，通计亡书有八七四部、一六五五八卷，比《汉志》的二十三部、九四八篇增加了几十倍，也可见我国图书事业的发展概况。

《隋志》的书序，据《总序》说有五十五篇，实际只有四十八篇，即卷首总序一篇，四部后序四篇。分类小序四十篇，道佛录二篇，又后序一篇。书序本《汉志》之旧而接述后事，记典籍聚散及学术源流，为唐以前学术文化史的重要参考文献。

《隋志》值得注意的一个特点是记存佚，如称梁有、宋有或亡，并以夹注方式依类附入亡佚书目。小计除子部外，又通计亡书。佛道二录则计残而未计亡书。小注中尚计残缺，但有遗漏未计者，余嘉锡先生在《目录学发微》一书中曾抉一例说：

"荀勖《中经》，隋唐志皆十四卷，然《七录·序》云：'晋《中经簿》少二卷，不详所载多少'，则勖原书当有十六卷。盖四部各得四卷，正是因书之多寡，分合之以使之匀称。自梁时亡其二卷，《隋志》不注明残缺，而后世多不晓其意矣。”

《隋志》的著录体例是列书名及卷数为项目，而以撰人为注，对撰人不评介而只叙其时代官衔，间或注明书的内容真伪及存亡残缺，其著录也有错误处，清季沈涛所著《铜熨斗斋随笔》中有考证多则，如卷五《晋诸公赞》《氏字误衍》《杨承庆》《孔老谶》、卷七《李文博理道集》及《历代三宝记》等则皆为对《隋志》著录的正误。此引《历代三宝记》一则以见其误：

“《隋书·经籍志》子杂家类，《历代三宝记》三卷，费长房撰。此非汉之费长房。今释藏中有其书，题隋翻经博士成都费长房撰。藏本分十五卷，则《隋志》作三卷者误。……是书本名《开皇三宝录》，今藏本亦题《历代三宝记》者，据《隋志》而云然也。”[①]

历代学者对《隋志》评论不一，毁誉相参。唐代史学家刘知几在《史通·书志篇》中采取了完全排斥的态度说：

“艺文一体，古今是同，详求厥义，未见其可。愚谓凡撰志者宜除此篇。”

这是一种极端化的偏激之见。清初学者朱彝尊在《经义

① 清沈涛：《铜熨斗斋随笔》卷七。

考·著录篇》中即加驳论说：

“经典藉是略存，而刘知几《史通》反讪之，谓骋其繁富，凡撰志者，宜除此篇，抑何见之褊乎？”

《四库提要》《史通》条也以刘知几此说“尤乖古法”。

明焦竑《隋经籍志纠缪》（《国史经籍志》附）、清钱大昕《隋书考异》《十驾斋养新录》都对《隋志》有正误、补缺。至如宋郑樵《通志·校雠略》及清《四库提要》对《隋志》则有抑有扬；而持论公允，无如清季姚振宗《隋书经籍志考证》。姚书于后序论及《隋志》注文重复、取录失据。类例不纯诸失，而于叙录序例中则肯定《隋志》是“自周秦六国、汉魏六朝迄于隋唐之际，上下千余年，网罗十几代，古人制作之遗，胥在乎是”。

《隋志》至清方为学者重视，加以研究，其专门著述，主要有三种，即：

（一）《隋书经籍志考证》十三卷，章宗源撰

章宗源是清代乾嘉时期目录学家，生平辑佚书甚多。此书虽名为全志考证，实则止有史部。章氏的族后学章小雅曾说：“此书本名《史籍考》，今题《经籍志考证》者，好事者为之也。”全书按《隋志》史部十三类分卷而次序有所变动。全书体制是注明今存、变迁及历代著录状况；辨明部类分

属中之错误和补充缺漏。清代学者对此书评论甚高，道光时学者朱绪曾在《开有益斋读书志》中盛推此书说：“《隋志》所载今佚者，必详载体例及诸家评论”，“隋以前乙部殆无遗珠矣”。

（二）《隋书经籍志考证》五十二卷，姚振宗撰

姚振宗是清季著名目录学家，著述闳富，曾汇所著目录学专著多种为《快阁师石山房丛书》。此书虽为补苴章氏残缺，但体裁不同，规模宏大，博搜广征，对全志详加考证，将有关资料汇于一编，校正刊误，补充不足，历时四年，数易其稿而成，实为整理《隋志》最有成绩之作，而撰者也颇以此自负，称“此书多心得之言，为前人所未发，亦有驳前人旧说之未安者”。卷首有序录，论四部源流、本志撰人、本志体制、诸家评论及章氏考证，为研究《隋志》之重要参考文献。近人范行准撰《两汉三国南北朝隋唐医方简录》[①]曾摘姚书引用丁国钧《补晋书艺文志》之误说：

“振宗卒于一九〇六年，而丁志刊于一九二七年，振宗安得见之，故姚书所引丁志当属后人剿入。”

范说似有待商榷，我认为：

---

①《中华文史论丛》第六辑。

（1）姚书自写后序之末特著一条：“陶国崇守次又以常熟丁君国钧《晋书艺文志》二册见示。……其书亦各有心得之语，因复刺取若干条子各类中。”可见姚氏曾见丁志，而范文未及此事。

（2）丁氏补志一九二七年印本并非初印本，初刻本为光绪二十年无锡文苑阁木活字本，姚氏成书于光绪二十三年，当能获见初刻丁氏补志。

（3）姚氏成书于光绪二十三年，卒于光绪三十二年，稿藏于家，其子曾录副以赠浙馆，无后人剿入明证。

（三）《隋书经籍志补》四卷，张鹏一撰

此书自《魏书》、南北《齐书》《周书》《隋书》《北史》列传以及《唐志》《律历志》等，搜辑《隋志》所未载者，依《隋志》分类补撰。

章、姚、张三书均见开明《二十五史补编》（四）。

三、唐中叶以来的官修目录　毋煚的编制《古今书录》

唐的目录事业显著开展的第二阶段是唐玄宗开元年间。开元三年，唐玄宗在一次和侍读马怀素等的谈话中，谈到内库藏书“篇卷错乱，难于检阅”，要求马怀素等进行整理[①]。马怀素受命以后，又上疏建议续编王俭《七志》以后的目录，他在疏中说：

“南齐以前坟籍，旧编王俭《七志》，以后著述，其数盈多。《隋志》所书，亦未详悉。或古书近出，前志阙而未编；或近人相传，浮词鄙而犹记。若无编录，难辨淄渑。望括检近书篇目，并前志所遗者，续王俭《七志》，藏之秘府。”[②]

玄宗接受这一建议，就任命马怀素为秘书监，并派国子博士尹知章等分部编次。由于马怀素不通目录之学，直到辞世时，尚无头绪。于是又任秘书官为修书学士继续进行，因无人总领，毫无所成，开元七年，始由元行冲总领其事。元行冲名儋，以字行，官弘文殿学士。他受命以后，改变续编《七志》的原计划，请求“通撰古今书目”，经过一年多的努力，终于在开皇九年撰成《群书四录》二百卷。如此多的篇卷，说明其内容的繁富，可能是有各书书录的一种体制。在短短一年多的时间，编制这样一部巨著，应该说是有成就的。当然，也必然存在一些缺点。曾经参加编撰工作的唐代目录学家毋煚曾在所著《古今书录·序》中批评过《群书四录》“体有未惬”的地

①《旧唐志·序》。

②《旧唐书》卷一〇二《马怀素传》。

方有五点：

“秘书多阙，而诸司坟籍不暇讨论，一也；永徽已来，新集不取，神龙已来，近书未录，二也；书阅不遍，或不详名氏，未知部伍，三也；书多阙目，空张篇弟，四也；书序取魏文贞，书类据《隋经籍志》，理有未允，五也。”[①]

这些不足之处，可能存在，但衡之于一般官修书目，这些缺点都在所难免。书成众手，往往如此。毋煚参与其事，或个人见解未获采用，“常有遗恨”，不免有过事吹求的地方。可惜原书久佚，无从评论。不过，《群书四录》一书在以往久而无功的情况下，能在短时间内完成一部收书二千部四万卷之多的目录书。这在清《四库全书总目》以前是唯一有这样多篇卷的一种。即此一端，不能不使它在目录事业的发展史上得到应有的历史地位。

对《群书四录》提出批评的毋煚是唐玄宗时洛阳人（一说是吴人），是一位不尚空论而有实学的目录学家，开元时任右补阙，后参加《群书四录》的编撰工作，任修书学士。他对《群书四录》的体制有不同的看法，提出了“体有未惬”的

---

① 唐毋煚：《古今书录·序》（见《旧唐志》）。此处引文系据余嘉锡《目录学发微》中的概括。

地方五点，感到自己没有能纠正而“追怨良深”，所以便自著《古今书录》四十卷。毋煚对《群书四录》的批评或者过苛，但他的认真求实的精神是值得钦敬的。他自撰的《古今书录》根据著录可能宋以前已亡佚，所幸它的书序被《旧唐志》所抄录而保存下来，使后人能借此了解它的概貌。这篇书录内容很丰富，是研究古典目录学的一篇重要参考文献。《古今书录·序》的主要内容有：

（1）阐述了目录学的作用：序中认为对以往浩瀚的载籍，如果不进行“剖判条源，甄明科部”的工作，其结果是：“先贤遗事，有卒代而不闻，大国经书，遂终年而空泯。使学者孤舟泳海，弱羽凭天，衔石填溟，倚仗追日，莫闻名目，岂详家代？”所以“闻名目”——即掌握目录成为了解过去遗事、典籍的首要条件。如果有了目录，那么就“将使书千帙于掌眸，披万函于年祀。览录而知旨，观目而悉洞。经坟之精术尽探，贤哲之睿思咸识，不见古人之面，而见古人之心。以传后来，不其愈也！”这一见解至今仍有其一定的意义。

（2）对《群书四录》提出两方面的批评：

A. 对编纂体制提出了五点不足之处。（具体内容前已引录，此略。）

B. 对成书仓促提出了指责。序中说：“昔马谈作《史记》，班彪作《汉书》，皆两叶而仅成。刘歆作《七略》，王俭作《七志》，逾二纪而方就。孰有四万卷目，二千部书名，首尾三年，便令终竟。欲求精悉，不其难乎？”

（3）较详细地陈述了他所撰《古今书录》的体制和大致情况。毋煚结合一部分意旨相合的助手，经过深入反复地考虑，审正了原有的疑点，详细地制定了新体制。把唐高宗永徽年间搜集的图书和唐中宗神龙年间的旧藏都加以说明而附入。把不明作者情况和不知归类的都加以论述而补充进去。空列的书目，又查对原书增入。对原有小序如有不妥者都另行改写。把错谬和混杂的地方都加以改正，大约有三百多条。这部目录增加新书目录六千余卷。这样看来，毋煚的《古今书录》是每部有小序，每书有撰人名氏，并有解题和论述。全目共四十五家，三千六十部，五万一千八百五十二卷。成目四十卷。

（4）序中还提到毋煚还编有《开元内外经录》十卷，著录释氏经律论疏和道家经戒符箓，每种书也都注明译者，撰有题解，共收书二千五百余部，九千五百余卷。

仅从这篇序文看，毋煚既参加了国家目录的编撰工作，又私撰了综合目录和专门目录各一种，并对目录学发挥了个人独到的见解，不仅对唐代，而且对整个目录事业都作出了很大的贡献。他无愧是一个终生从事目录事业并取得成就的目录学家。可惜，这些目录著作都佚而不存，使目录事业失去了一份重要遗产。

唐代除去毋煚这部已佚的《开元内外经录》外，开元时尚有一部流传至今的佛录，就是唐释智昇所撰《开元释教录》二十卷为开元十八年所撰。此目体制有总录与别录。总录十卷以译人为主，以朝代为次，自汉魏至唐共十九朝，收一百七十六人，按人记其所出经和本传。末附各家目录。别录也是十卷，以经为主，分为七类，末为入藏录，其内容是：

① 有译有本录。分为三项，就是菩萨藏（大乘教）、声闻藏（小乘教）和圣贤传记。

② 有译无本录。译经名存而书阙者。

③ 支派别行录。大部头译经中抄出单行者。

④ 删略繁重录。同本异名或略本，都加以删除。

⑤ 拾遗补阙录。旧有目录中漏列或新翻译未能收录的译经。

⑥ 疑惑再详录。对有疑问的译经进一步论述订正。

⑦ 伪妄乱真录。大乘入藏录、小乘入藏录。

这部佛录的别录，在体制上虽比过去各录有所更新，但仍是一部图书目录。它的主要特色在于总录。它对所列汉魏至唐的十九个朝代都记其国姓、都城、几帝几年、译者几人、所出经几部几卷、见存几部、亡几部等等。其记历朝史事可供考史之用，如记前凉张氏遵用两晋年号，表明前凉与晋的从属关系，其记译经情况，加以所记译者本传，是我国早期翻译史的重要资料。目录书利用这一体制来保存史料，确是智昇的卓识，也是唐代目录事业中的一项重要贡献。但忽略中土释家著述，不能不使人感到缺失。[①]

玄宗开元时官修目录除《群书四录》外，据《崇文总目》著录，尚有《开元四库书目》十四卷[②]，此当为国家藏书的登录簿，宋初似尚存。余嘉锡先生认为"欧阳修《唐书·艺文志》，当即此书"，[③]则此目对宋代史志目录的编撰也有所贡献了。

玄宗天宝三年由于开元十年以来继续搜集图书，数量有所增加，旧目已不符实际。于是在六月间，又重新编制《见在库书目》，共登录经库七千七百七十六卷，史库一万四千八百五十九卷，子库一万六千二百八十七卷，集库一万五千七百二十卷。库存书共有五万四千六百四十二卷。以后陆续入藏、陆续登录，到天宝十四年又续写了

① 主要依据陈垣：《中国佛教史籍概论》卷一。

②《崇文总目》原本卷二三。

③ 余嘉锡：《目录学发微》九《目录学源流考》下。

一万六千八百四十三卷。与前综计国家藏书已达七一四八五卷。[①] 这部书目，当是一部藏书登录簿。

玄宗一代，编目多种，可称唐朝目录事业的鼎盛时期，但是到了末年，由于“安史之乱”，图书“亡散殆尽”。经过肃宗、代宗的“屡诏购募”，稍有鸠集，但未闻编目。德宗贞元二、三年间，曾详校九经，添写史书，后又从秘书少监陈京的奏请，把增缮各书，编成艺文新志，题名为《贞元御府群书新录》。[②] 文宗时，又“诏令秘阁搜访遗文，日令添写”。并为便于搜求，可能编有《四库搜访图书目》一卷。[③] 经过努力搜访，开成初年，国家所藏四部书已达五万六千四百七十六卷。[④] “于是四库之书复完，分藏于十二库”。[⑤] 这些藏书，由于唐末农民起义势力的冲击，统治阶级内部的宗室、宦官、藩镇等的趁火打劫和交讧动乱，制造社会动荡，致使图书“焚荡殆尽”“尺简无存”，至昭宗时，藏书仅存

①《唐会要》卷三五。

②《柳柳州集·陈京行状》。

③ 此目《宋志》著录，不著撰人及时代。余嘉锡先生考证说：“其搜访目，证以旧志所言，盖在文宗也。”（见《目录学发微》九）。

④《旧唐志·序》。

⑤ 同上。

一万八千余卷。[1] 在这种情况下，目录事业也就无从开展了。

唐朝的目录事业除了为国家藏书进行公私编目外，还有私人藏书的目录。唐朝由于经济比较繁荣，文化比较发达，私人藏书比较方便，所以藏书万卷以上的不乏其人。吴兢、李泌、柳公绰、韦述等人都是唐代著名的藏书家。[2] 有些还编有藏书目，不过均已亡佚。仅从著录中略知情况，如据《新唐志》《郡斋读书志》及两《唐书·吴兢传》知道吴兢曾为其所藏一三四六八卷书编有《西斋书目》一卷，另如《通志·艺文略》著录的蒋彧《新集书目》一卷（《宋志》著录作《蒋彧书目》）和杜信的《东斋集籍》二十卷等。这些书目虽已亡佚而不知其体制如何，但它是为私人藏书编目的开端成为唐朝目录事业中的一项成就。

四、五代目录工作的衰落

五代是指公元十世纪先后在淮河以北黄河流域一带建立政权的五个朝代，就是后梁（907—923）、后唐（923—936）、

---

①《新唐志·序》。

② 友人涂宗涛曾撰《杜甫的藏书》短文（1962年4月3日《天津晚报》）引杜甫：《陪郑广文游何将军山林》诗中“尽捻书籍卖，来问尔东家”句和明人王嗣奭的《杜臆》所说“公献赋不售，故欲卖书买宅”，以证杜甫有数量不少的藏书。此又可为唐代增一藏书家。

后晋（936—946）、后汉（947—950）和后周（951—960）。它们立国多则十数年，少则几年，政权更迭频繁，整个社会不够稳定。和五代大约同时，在淮水以南还有九个割据政权——吴、南唐、吴越、楚、南汉、闽、前蜀、后蜀、荆南，再加上在山西割据的北汉，统称十国。南方各国由于战争较少，政权持续较长，比较安定，社会经济有所发展，文化状况似比北方为胜。五代十国对于图书，后唐、汉、周虽求书民间，而见效甚微；南唐藏书较富，“宫中图籍万卷”；然无论南北，目录事业不甚兴旺。十国有目录者，据《通志·艺文略》著录仅有《蜀王建书目》一卷，已佚。五代由后唐至周曾历时二十三年雕印九经，成为图书事业的大事，也未闻编撰目录。后晋一代虽国势文化均不足道，但刘昫所撰史志目录《旧唐志》为五代的目录事业生色不少。《旧唐志》是《旧唐书·经籍志》的简称，它主要取材毋煚《古今书录》，体制规仿《隋志》。它撰目目的为表唐代“艺文之盛”，而开元为目录鼎盛时期，所以所录为“开元盛时四部之书”，开元之后著述则未收入，有关资料多见本传。这部目录是正史目录中的一种，在保存目录学资料方面著有功绩，如毋煚《古今书录》是一部目录学重要著述，可惜亡佚，由于序文保存在《旧唐志》中，使后人得知《古今书录》的大概。

第四节　私家目录的勃兴和目录学研究的开展——宋、元

一、《崇文总目》与《国史经籍志》的兴修

宋朝的建立结束了五代十国的分裂局面，但长年动乱却使图书遭到了比较严重的散失。宋初的昭文馆、史馆、集贤院三处国家藏书的总数不过万余卷。于是在恢复社会经济的同时，宋朝政府采取了一些聚集图书的具体措施，如将南方各国的图书收归政府，其中南唐藏书最富，共得三万余卷。又于乾德四年下令向民间征书，并对“堪任官职者具以名闻”，给以适当的安排，同时还由政府刻书和制复本。当时，又由于雕版印刷的广泛应用，图书数量为之大增：国家不仅有政府藏书，皇室、国子监等处也藏书；各地书院和私人也纷纷藏书。这就为图书编目工作创造了物质条件。于是官私目录相继出现。

宋朝的官修目录以仁宗时所修《崇文总目》为最著名。宋仁宗景祐元年闰六月曾命张观、宋祁等审查三馆和秘阁的政府藏书，进行删谬补漏的工作。并命王尧臣、欧阳修等仿照唐

代《开元四部录》的体例，“加详著录”，于庆历元年底撰成，赐名为《崇文总目》。这部总括四馆[①]藏书加以著录的国家藏书目录共六六卷。它把所收的三〇六六九卷图书分为四部四十五类（计经部九类、史部十三类、子部二〇类、集部三类）。其史部特立“目录”一类，从目录学著述之能独成一类反映了在此以前目录事业的发展程度。各类都有序，各书都有提要（释），所谓“每条之下，具有论说”[②]，“一书大义，必举其纲”[③]即指此而言。其后晁公武、陈振孙等都取法于它而各撰专著。可惜南宋以后，删去序释[④]，仅存书名。元初已无完本，明清只剩简目。直到清嘉庆四年（1799年），始由钱侗等人从《欧阳文忠公集》、《玉海》和《文献通考》中辑出，成书五卷。《崇文总目》虽然缺失，但在总括宋以前的图书概况便于后世查验存佚方面还是有一定贡献的，它正如《四

① 四馆，宋初以昭文、史馆、集贤为三馆，端拱元年又建秘阁作为书库，与三馆合称四馆。

②《四库全书总目提要》《崇文总目》条。

③ 清朱彝尊：《崇文总目跋》（《曝书亭集》卷四四）。

④ 朱彝尊以删除《崇文总目》序释由于郑樵之“嫌其文繁无用”，《四库总目》承其说，认为“郑樵作《通志》，始谓其（《崇文总目》）文繁无用，绍兴中遂从而去其序释”。实则去序释与郑樵无涉，杭世骏《道古堂集》卷二六已有驳议，钱大昕《十驾斋养新录》卷十四也有详考。

库全书总目》卷八五所评论那样：

“百世而下，藉以验存佚，辨真赝，核同异，固不失为册府之骊渊，艺林之玉圃也。”

《崇文总目》到徽宗时曾加增补而改名为《秘书总目》，但一般援引仍用《崇文总目》之名。徽宗是爱好文事的皇帝。他不仅补缮旧藏，还广泛求书，取得了良好的效果，使国家藏书量比崇目所录增益了二万五千二百五十四卷，总共为五五九二三卷，达到了宋朝国家藏书量的高峰；但不久由于“靖康之变”，金兵南下，藏书荡然无遗。

在《崇文总目》以外，据《通志·艺文略》记载，还有《秘阁四库书目》十卷、《史馆书目》二卷和《嘉祐（宋仁宗年号）访遗书诏并目》一卷，但仅存卷目，内容已难考知。

宋南渡后，高宗又访求遗书，国家藏书得到一些恢复。当时秘书省编有《续编到四库阙书目》二卷，以经史子集为序，如为阙书便在书名下注明。此目似是秘书省人员粗编作求书之用的。孝宗淳熙四年（1177年）十月，秘书少监陈骙（字叔进，台州临海人，官至参知政事，卒谥文简），要求编撰书目。次年五月编成《中兴馆阁书目》七十卷，序例一卷[①]，凡五十二门，共著录现存书四四四八六卷，比《崇文总目》所载多一万三千八百十七卷。但还没有达到北宋徽宗时的藏书量。从高宗绍兴到宁宗嘉定（1131—1222年）将近一百年间，由于“承平百载，遗书十出八九；著书立言之士又益众，往往多充秘府”[②]，图书量充斥到不能不续编书目。嘉定十三年（1220年），秘书丞张攀便受命编《中兴馆阁续书目》三十卷，又在正目外增添了一万四千九百四十三卷，使南宋的藏书量达到五九四二九卷，不仅恢复了徽宗时的盛况，还增多了三千五百多卷，而且“太常博士之藏，诸郡诸路刻版而未及献者”[③]还未计算在内。不幸，时隔十余年，在理宗绍定四年（1231年），由于火灾，而使图书遭到严重的缺失。《中兴馆阁书目》正续二目，虽陈振孙等对它有所批评，但它反映了南宋的国家藏书状况，也是南宋目录事业的重要成就之一。二目都已亡佚，现只有赵士炜辑《中兴馆阁书目辑考》五卷、《中兴馆阁续书目》一卷。

宋朝十分注重修撰本朝历史，就是所谓“国史”，而每种

①《直斋书录解题》《通考·经籍考》均作三十卷，此据《宋史·艺文志·序》及《建炎以来朝野杂记》卷四。

②《文献通考·经籍考》。

③《文献通考·经籍考》。

国史又都有《艺文志》。这就在目录事业发展史上开创了写当代史志目录的先例。宋朝的“国史艺文志”据记载共有七种，但其中三种南宋时已废佚，仅余四种：

（1）吕夷简等撰：（太祖、太宗、真宗）《三朝国史艺文志》。

（2）王珪等撰：（仁宗、英宗）《两朝国史艺文志》。

（3）李焘等撰：（神宗、哲宗、徽宗、钦宗）《四朝国史艺文志》。

（4）不著撰人：（高宗、孝宗、光宗、宁宗）《中兴国史艺文志》。

这些史志目录今已亡佚，但尚能根据其他记载略知其大概情况是：

（1）每类有小序，每书有解题。

（2）晁、陈志录均曾著录宋国史，可见并非仅由官藏，民间也有副本流传，则各种史志目录也随之传布。

（3）各志可能都以国家图书目录为主要依据，如三朝志似本之《咸平馆阁书目》、两朝志本之《崇文总目》、四朝志似本之《秘书总目》，而中兴志则据陈、张正续《中兴馆阁书目》铨次而成。

（4）三朝、两朝、四朝各志均不重复登录，而仅登录前所未有者，独中兴志因系南渡后重收图书所编，所以有重复登录者。[1]

“国史艺文志”从主持其事者及所登录的藏书看，具有国家图书目录的性质，但它附于各朝国史，又可算作一种当代史志目录。这是过去所未有的新做法，因此，官撰当代史志目录之体当始基于此。

在史志目录中，还有欧阳修的《新唐书·艺文志》（简称《新唐志》），它大体取法《隋志》，而内容则多采《古今书录》，不过，由于时代相距较远，似不如《旧唐志》更多地保留了《古今书录》的概貌。但是，它除根据所见开元书目已著录五三九一五卷，又加录了唐代学者的撰著二八四六九卷，加以整理，共著录三二七七部、五二〇九四卷，于是唐代藏书及唐人著述就比《旧唐志》为完备。《新唐志》在分类和编次上都有所增改。如废除旧志以部类为“家”的做法，而以学术流别来分类；适当省并类名，如并霸史、伪史为一而去掉霸史的名称；以笔记杂著有补于史，而列入杂史类等等。可惜它和《旧唐志》同样地删除了每部各类的小序，使《古今

① 参阅赵士炜：《宋国史艺文志辑本·序》（见《图书馆学季刊》1933年第2期）。

书录》的很多内容未获留存。有的地方由于粗疏造成一些错误，如人名之误，虽仅一字之差，不过也值得作为读书治学的借鉴，清季沈涛曾评举一例：

“（唐）《艺文志》伪史类萧方《三十国春秋》三十卷，《宋史·艺文志》史、霸史类同。萧方当为萧方等之误。方等梁元帝世子，以释《方等经》命名。《隋志》：《三十国春秋》三十卷，萧方等撰可证。修《唐书》者误以等字为等类之等而删之。昔人谓欧九不学，洵然。《宋志》亦承其误。”[1]

不过，欧阳修在《新唐志》中对目录体例的改进工作，对宋元时期国史经籍志和郑樵《校雠略》等目录学名著的纂集还是有所影响的。

二、《郡斋读书志》与《直斋书录解题》的编撰

宋代由于雕版印刷的兴盛和文化事业比较发达，私人藏书的风气很盛，藏书数万卷的大家颇多，宋人周密于所著《齐东野语》中列举著名藏书家甚备，其中很多藏书家都编有书目：如江正的《江氏书目》、吴良嗣的《籯金堂书目》、田镐

---

① 清沈涛：《铜熨斗斋随笔》卷六《萧方》。

的《田氏书目》、李淑的《邯郸图书志》和董逌的《广川藏书志》等，都是见于著录的宋人私家目录，可惜已佚，而至今留传并有影响的当推晁公武的《郡斋读书志》、陈振孙的《直斋书录解题》和尤袤的《遂初堂书目》。

晁公武是宋朝的著名藏书家，他的五世祖晁迥是宋真宗朝著名学者，以后几代也都从事学术工作，因此是一个富有藏书的世家。北宋末，晁氏入蜀，担任四川转运使井度的属官，后来井度也把全部私藏赠送给晁，因此使晁公武成为有巨量图书的名家。这就为他从事目录工作创造了很有利的条件。晁公武大约在五十岁左右任荣州太守时，就开始了《郡斋读书志》的撰著工作。他在该书的自序中叙述了聚书和著书的经过说：

“（得井度）书凡五十箧，合吾家旧藏，除其复重，得二万四千五百卷有奇。今三荣僻左少事，日夕躬以朱黄雠校舛误，终篇辄撮其大旨论之。”

《郡斋读书志》按四部分四十五类，每部有总论（即大序），各书有提要，对作者、全书主旨、学术源流、篇第次序均按不同情况有所论述，多偏重于考订。稍后的目录学家陈振孙推崇他的提要是“其所发明，有足观者”。并且也为后世考订典籍所借资。

《郡斋读书志》当时已有二本：

（1）袁州刊四卷本，简称袁本。淳祐十年刊于袁州，后有附志、后志。这是一直流传的刊本，《四库全书》著录仅此本。

（2）衢州刊二十卷本，简称衢本。淳祐九年刊于衢州。内容较袁本丰富，马氏《通考》尚多引用；但后世罕见传本，直到乾隆时瞿中溶始得旧钞本。嘉庆己卯汪士钟得此钞本，请校勘家李富孙详校后刊行，衢本于是始有流传。

清末王先谦曾以袁衢二本合校刊行，成为《郡斋读书志》的善本。

陈振孙（1183—？），字伯玉，浙江安吉人。淳熙末年生，卒年不详。曾在江西南城、福建莆田和浙江等地做过二十多年地方官，官至国子监司业、宝章阁待制。[①] 他由于长期生活在图书事业比较发达的地区，逐渐积累了这方面的知识，钞藏收集图书日富，先后经过四十来年的聚书过程成为当时颇负盛名的藏书家，周密的《齐东野语》特著其聚书之事说：

“近年惟直斋陈氏书最多，盖尝仕于莆，传录夹漈郑氏、方氏、林氏、吴氏旧书至五万一千一百八十余卷。”

陈振孙就在这样丰富的藏书基础上，在晚年用了将近二十

---

① 关于陈振孙生平可参阅陈乐素《直斋书录解题作者陈振孙》一文（民国三十五年十一月二十日《大公报·文史》副刊）。

年的时间，仿《郡斋读书志》撰成《直斋书录解题》这一目录学著述。

《直斋书录解题》原有五十六卷，著录图书三〇九六种五一一八〇卷，仅比《中兴馆阁书目》及《续目》的总和五万九千余卷少八千余卷。它原有经史子集四部和部序，明初就已亡佚，所以现在通行本是直接分为五十三类目，但综观类目编次，依然保持了四部的顺序。它对所著录各书都叙明卷帙、作者并加评论，创目录书中的解题体裁。它的各类小序视需要方撰写而不泛加，在五十三类中有九类存有小序，皆为不得不有所说明的类目。如合《论语》《孟子》为“语孟类”是前此所无之类，所以有小序来说明，其他如小学、起居注、时令、章奏、农家、阴阳、音乐、诗集各类也都因有实际需要而撰写，其无新意可陈的各类则不写小序。这一点也可能受了郑樵泛释无义观点的影响。这部颇有创新的目录学著作当时未能受到应有的重视，传本稀少，宋志、马考均未著录，几近佚失，直到清乾隆修《四库全书》时方由《永乐大典》中辑出校定为二十二卷，就是现在的传本。它除分卷和文字与五十六卷原本略有差异外，内容是一致的，其双行小字注是四库馆所校补。由于二十二卷本的广泛流传，于是“古书之不传于今者，得藉是以求其崖略；其传于今者，得藉是以辨其真伪，核其异同，亦考证之所必资，不可废也”[①]。

《直斋书录解题》最值得注意的是它的各书解题的部分，它不仅创为解题一体，而其内容亦涉及甚广，大略综括，约有数点：

（一）评论人物：卷四《史记》一百三十卷条认为，六艺以后能著书立言者只有左、庄、屈及司马迁。这四个人的著述都是“前未有其比，后可以为法”的。

（二）评论图书价值：卷四《中兴小历四十一卷》条评论作者熊克著书“往往疏略多牴牾，不称良史”。卷五《新修南唐书十五卷》条则评论陆游之撰此书“采获诸书，颇有史法”。

（三）介绍图书内容：卷五《华阳国志》条介绍此书“志巴蜀地理风俗人物及公孙述、刘焉、刘璋、先后主以及李特等事迹”。

（四）记述选材：卷八《太平广记》条记此书由李昉等“取野史、传记、故事、小说撰集”。

（五）记撰述时间：卷五《历代年号并宫殿等名》条说：“丞相饶阳李昉明叔在翰苑时所纂。”

（六）记图书版本：卷四《高氏小史》条说“此书旧有杭

①《四库全书总目》。

本。今本用厚纸装褙夹面，写多错误，俟求杭本校之”。

《直斋书录解题》著录多详今书，如卷二一“歌词类”，除《花间集》《南唐二主词》《阳春录》《家宴集》为唐五代作品外，其余一一五种皆宋人词集。

尤袤，字延之，无锡人。绍兴十八年进士，官至礼部尚书。他是一位勤读勤钞、对图书有特殊爱好的藏书家，他曾对友人表述他对书的爱好说：

“饥读之以当肉，寒读之以当裘，孤寂而读之以当友朋，幽忧而读之以当金石琴瑟也。”①

因此，尤袤就把他所见闻的各种不同版本图书编成《遂初堂书目》，仅记书名，不撰解题，但一书而兼载数本，成为版本目录的最早著作。现通行本尚缺卷数、撰者，对于考证古代图书未免有所缺憾，但《四库全书总目》“疑传写者所删削，非其原书耳”！似乎也有此可能。

宋代的三种私家目录各有短长，晁、陈二书，收录完备，粗具评论，对后世考证文献有极大裨益，特别是在《崇文总目》删佚不全，后此又无佳目的情况下，更成为有重要参考价值的资料，而被誉为私家目录中的双璧。至尤目虽不及晁、陈

① 宋杨诚斋：《遂初堂书目·序》。

功力，但记录版本为目录学增添新的著录项目，开后世致力版本学的风气方面也是有贡献的。总之，这三种私家目录是宋代目录事业中的重要成就。它们为古典目录学的发展作出了创制体裁，保存宋以前学术资料的可贵贡献。

三、郑樵研究目录学的成就

宋代目录事业的更重大成就在于开始了对目录学的专门研究。而郑樵则是在这方面卓有成就的著名目录学者。《通志·校雠略》便是这项研究中独树一帜，自成体系的丰硕成果。

郑樵，字渔仲，又称夹漈先生。福建莆田人。宋徽宗崇宁三年生，南宋高宗绍兴三十二年卒（1104—1162）。他是南宋非常博学的学者，生平著述闳富，有八十四种，但留传后世的仅剩几种。他著名的传世之作是《通志》二百卷，是一部通史兼专史的名著，其中以二十略最为学术界所推重，郑樵也自负这二十略是“汉唐诸儒所不得而闻”。二十略中的《艺文略》《校雠略》《图谱略》和《金石略》四略就是郑樵研究目录学理论和实践的成果，而《校雠略》影响最巨。《校雠略》在当时来说是不仅要改进图书的典藏，而且还涉及整个图书事业，所以他在《通志·总叙》中声称：

“册府所藏不患无书，校雠之司未闻其法。致三馆无素餐之人，四库无蠹鱼之简，千章万卷，日见流通，故作《校雠略》。”

《校雠略》之于后世，清《续通志》二种均仿其义例而作，而章学诚更得其启示，撰《校雠通义》成为古典目录学中的一大名著。

郑樵对古典目录学的各个方面都加以研究，提出了许多独特的见解。他在《校雠略》中对类例、著录和提要三个主要问题反复阐述了自己的见解。他特别强调类例的重要性，他说：

“学之不专者，为书之不明也。书之不明者，为类例之不分也。有专门之书，则有专门之学；有专门之学，则有世守之能。人守其学，学守其书，书守其类。”①

这样，郑樵就把图书分类问题提到学术高度来论述，提出了“类例既分，学术自明”的著名论点，并以此论点为指导，发挥存书与明学的两大作用，在《通志》一书中创立《艺文略》来表述其图书分类的创新体系。《艺文略》是根据历代史志、公私书目和个人的访求见闻而撰成，它建立了十二类、百家、三百七十一种。这一体系的最明显特点在于突破了前此各

① 宋郑樵：《校雠略·编次必谨类例论》。

种分类的束缚，尤其是从经部中把与现实政治有关的礼、乐，从子部中把与自然科学有关的一些类目如天文、五行、医方等二级类目提到与经子相等地位的一级目上来，更可见到郑樵对这些学科的认识。其次，他不仅在部类下较周详地划分了“百家”，这样的二级目，而且还在“家”下又增设“三七一种”这样的三级目。 类目的扩充使图书的归属能更接近于合理。同时，他还制定了如何搞好分类工作的具体要求。[1]

郑樵在著录方面主张通录古今、不遗亡佚、全面记有和兼录图谱、金石。通录古今是郑樵“会通”思想在目录学上的应用，他不仅取材于过去目录，更着重采录今书，以求编制通录。不遗亡佚为存图书名目，其于后世，即便辨章学术、考镜源流之资，又可供求书之需，因此，他特撰《编次要记亡书》三篇来专论其事。记有则力求其全，避免失收，即所谓“记世间所有之书”，“广古今而无遗”，以便学者易学，求者易求。郑樵不仅把目录收录的范围从单纯文字的图书扩大到图谱和金石，而且还在二十略中单立《图谱略》和《金石略》二略，与《艺文略》中的著录相辅为用，使文献资料得到广搜博采之利。

① 宋郑樵：《校雠略·不类书而类人论·编次之讹论·见名不见书论》。

郑樵对于为著录各书撰写提要曾提出了“泛释无义”的著名论断。这是针对历代书录的创新之见（主要是对《崇文总目》的批评）。他的这一论断并不反对书录解题，而是反对不顾实际需要而无区别地从形式上加以全面释义。他说：

“有应释者，有不应释者，不可执一概之论。按《唐志》有应释者而一概不释，谓之简；《崇文》有不应释者而一概释之，谓之繁。今当观其可不可。”[①]

郑樵在《艺文略》中所写的群书提要就根据这一精神而撰述的。他所写的提要主要包括介绍作者、图书篇卷名称、评论内容等方面。这种从实际需要出发，不强求一律的求实精神是郑樵从总结以往目录提要的利弊而得到的。郑樵在目录学方面可供参考的主张和见解还有很多，但仅就分类、著录、提要撰写几个主要方面所主张的精于类例、记无求全、泛释无义等论点来看，都是很有见地的。后世对郑樵的目录学见解和实践活动毁誉不一。虽然，郑樵是有粗疏和高自称许的缺点，但他能独立思考、自抒己见，为古典目录学的领域提供新的内容，仍不失为一家之言。他应该在古典目录学的发展史上得到应有的肯定地位。他为宋代目录事业所作的贡献也是巨大的。

---

① 宋郑樵：《通志·校雠略·书有应释论》。

总之，宋代的目录事业在各种目录的编纂和对目录学作为专门学来研究等等方面都作出了很大的成绩。这些成绩推动了古典目录学由五代时的缓慢发展走向兴盛的时期。

四、《秘书监志》《宋史·艺文志》与《文献通考·经籍考》的编撰

元朝建国以后，没有及时注意图书文化事业，直至至元十年正月始建秘书监，掌管图书经籍；十一月，又于秘书监下设兴文署掌雕印图书，可是并无撰著目录的记载。现所能见到的国家书目仅有至正二年王士点、商企翁合撰的《秘书监志》中的卷六卷七。《秘书监志》的撰者王士点字继志，东平人，官著作郎，所著《禁扁》一书《四库全书》卷六八已著录。商企翁字继伯，曹州人，官著作佐郎。《秘书监志》一书有十一卷，对至元以来秘书监的“建置迁除，典章故实无不具载”[①]，其中有《书目》二卷。这份书目无书名卷数，只按在库书、先次送库书，后次发下书、续发下书等入库次序登录各有若干部、若干册而已。除在库书分经史子集，和道书、医书、方书、类书、小学、志书、阴阳书、农书、兵书、释

①《四库全书总目》卷七九。

书、法帖各类以便检寻外，其他收到而未入库的图书仅记总的册数，这实际上只是秘书监的一份图书清册，不能起到图书目录的作用。但有一点值得注意就是第七卷回回书籍条内记录了至元十年（1273年）曾藏有阿拉伯文的数学书籍三十八部。[①] 除此以外，钱大昕的《补元史艺文志》中尚著录有危素所撰的《史馆购书目录》和毛文在所撰的《上都分学书目》，但书已佚，无从了解其内容。若从书名推测，可能是国家的阙书目和分部目录。

元朝所编的史志目录有脱脱主持编纂的《宋史·艺文志》。它主要依据原有目录会合纂成，《宋志》自序中曾述其史源及体制说：

“旧史自太祖至宁宗，为书凡四。志艺文者，前后部帙，有亡增损，互有异同。今删其重复，合为一志，而益以宁宗以后史之所未录者。仿前史分经、史、子、集四类而条列之。大凡为书九千八百十九部，十一万九千九百七十二卷云。”

实际上，《宋志》虽然有如此现成资料可据，但缺乏剪裁编定之功，所以重复颠倒之处甚多，而咸淳以后尚有缺略。图

---

① 有兀忽列的四擘算法段数十五部、罕里速窟允解算法段目三部、撒唯那罕答昔牙诸般算法段目并仪式十七部和口可些必牙诸般算法八部。这些书籍都没有流传下来，内容难以确切了解。

书归属也多有重错，如《刘公嘉话》与《宾客嘉话》同一书重出于同一小说类中；《郡斋读书志》则一书分别重出于目录与载记两类；《兼明书》既入经部礼类，又入经解类。有的书名著录有误，如目录类的《遂初堂书目》是治目录学者所熟知者而竟误为《遂安堂书目》。因此，学术界皆讥以草率，而《四库提要》直指它为诸史志中之最丛脞者。

专史的目录有马端临的《文献通考·经籍考》七十六卷。马端临（字贵与，他在宋末元初曾纂集《文献通考》三百四十八卷，《经籍考》是其中的一部分。《经籍考》主要依据晁公武的《郡斋读书志》和陈振孙的《直斋书录解题》二书，并博采公私目录及有关著述，分书辑存。它在《经籍考》自序中曾说明其编撰缘起和所据资料：

“今所录先以《四代史志》列其目，其存于近世而可者，则采众家书目所评，并旁搜史传文集杂说史话，凡议论所及，可以纪其著作之本末，考其流传之真伪，订其文理之纯驳者则具载焉。”

《经籍考》各类有小序、各志有解题。它的解题是博采众说，汇聚群籍加以排比辑列。以往有些目录学著作曾以“无所发明”、“无甚新解”而加以讥评；实际上，这种辑录有关众说于一书之下，既便检读，又能保存遗佚，确可起到“览此一篇而各说具备”[1]的作用。它对后世影响也很大，清人朱彝尊的《经义考》、章学诚的《史籍考》就是取法于此，成为提要目录中辑录体的重要一派。

元代的私家目录也为数寥寥，钱大昕《补元史艺文志》仅著录《陆氏藏书目录》，姓名卷数也不详载。上海庄蓼塘藏书数万卷，且多抄本，“凡经史子集、山经地志、医卜方技、稗官小说，靡所不具”。[2]庄氏虽以甲乙编次分其藏书为十门，但是否已编制目录则资料缺载，又无著录，不能考定了。钟嗣成的《录鬼簿》是私家专科目录的名作，它以人类书，以剧作家为次，对每人都“传其本末，吊以乐章”[3]，并列其剧作。这是元杂剧目录，为后世研究戏剧史的重要参考资料。

总之，元代的目录事业较之宋代大有逊色，它只作为目录事业的一个颇为缓慢发展的阶段而过渡到目录事业的大兴盛阶段——明清时期。

---

① 姚名达：《中国目录学史》。

② 元陶宗仪：《辍耕录》。

③ 元钟嗣成：《录鬼簿·自序》。

第五节　古典目录学的昌盛——明、清

一、《文渊阁书目》的登录国家藏书 私家目录收录范围的扩大

明太祖灭元后，大将军徐达收集元都图书致送南京。这些图书是合宋金元三朝的旧藏，所以多是宋元刻本和抄本，颇有价值。永乐移都北京，派人取书百柜运送北京，又遣官四出购买，使阁藏达二万余部，近百万卷。但并未进行整理。正统六年（1441年），大学士杨士奇、学士马愉、侍讲曹鼐等奏请登录编目，于是编成明代的国家图书目录《文渊阁书目》。清代学者钱大昕在《旧抄本文渊阁书目跋》中记其事甚详说：

“《文渊阁书目》，编号凡二十，每号分数厨贮之，凡七千二百五十六部。首御制、实录，次六经、性理、经济，次史家，次子家，次诗文集，次类书、韵书、姓氏、法帖、图画，次政、刑、兵、法、算术、阴阳、医方、农圃，次道书、佛书，而以古今地志终焉。其中或一书而数部，又不著卷数；于撰述人姓名时代，亦多缺略。故秀水朱氏讥其牵率已甚。予考卷首载正统六年题本，称永乐十九年，自南京取回

书籍，向于左顺门北廊收贮，近奉圣旨，移贮于文渊阁东阁，臣等逐一打点清切，编置字号，写完一本，名曰《文渊阁书目》，请用‘广运之宝’钤识，永远备照，庶无遗失；则此曰不过内阁之簿帐，初非勒为一书，如《中经簿》《崇文总目》之比。必以撰述之体责之，未免失之苛矣。”[1]

钱氏认为《文渊阁书目》不过是官藏图书的登录簿，不必以目录学著作要求，因此对清初朱彝尊《经义考》中的评论[2]也以为失之太苛。朱、钱二家苛责、曲谅，各执一端，反不若《四库提要》之能持平而论得失。总目既评其“不能考订撰次，勒为成书，而徒草率以塞责，较刘向主编《七略》、荀勖之叙《中经》，诚为有愧”。同时又肯定它有裨考证的贡献说：“今阅百载，已散失无录，惟借此编之存，尚得略见一代之名数，则亦考古所不废也。”

《文渊阁书目》不分经史子集而以藏书的千字文排次为序，自天字至往字，凡二十号，共五橱，共贮书七千二百九十七种，其卷数也按此分号订为二十卷。这部目录虽然疏陋，多被学者所讥评，但因它是明代现存的一部国家目录，对于考校

① 钱大昕：《潜研堂文集》卷二九。

② 朱彝尊：《经义考》卷二九四说：“文渊阁书目，有册而无卷，兼多不著撰人姓氏，致览者茫然若失，其后藏书之家往往效之。”

当时的图书状况和保留遗佚书的资料等还是有一定参考价值的。

继《文渊阁书目》以后的国家目录，据《千顷堂书目》著录，尚有：

（1）马愉：《秘阁书目》二卷

（2）钱溥：《内阁书目》一卷

（3）张萱：《新定内阁藏书目录》八卷

（4）《内府经厂书目》二卷

（5）《国子监书目》一卷

（6）《南雍总目》一卷

（7）《御书楼藏书目》一卷

（8）《都察院书目》不分卷

（9）《宁献王书目》一卷

（10）《行人司书目》二卷

这些目录，有存有佚，其中以张萱等所撰《内阁藏书目录》为最著名。此目为万历三十三年，中书舍人张萱等人奉命校理内阁藏书时所撰，全目八卷，以“圣制”“典制”二部居首，以表明其官撰性质，然后于经史子集四部之外，增置类录、金石、图经、乐律、宋学、理学、奏疏、传记、技艺、志乘、杂部等。各书略注撰人姓名、官职及书的全缺；并间有解题，虽文字简略，原书卷数也未全著，体例也不够完善，但稍胜于《文渊阁书目》，而成为考求明代官藏的重要目录之一。[①]

明撰元史而无经籍、艺文之作，其可推为史志目录者为焦竑所撰《国史经籍志》。焦竑字弱侯，是明代以淹贯博学著称的学者，万历十七年以进士及第，大学士陈于陛荐修国史，竑先从撰写目录入手，成《经籍志》五卷。焦氏在“类例不立则书亡”的思想指导下，特别注重分类。由于既为国史编志，所以特在卷首立制书一类，收御制及中宫著作、记注、时政、敕修诸书，其余以经史子集分置子目，各类都有小序，其体取法《通志·艺文略》，卷末条举汉、隋、唐、宋各志及唐《四库书目》、宋《崇文总目》、《通志·艺文略》、晁氏《读书志》及《通考·经籍考》诸家分类上的谬误，成《纠谬》一卷。《国史经籍志》颇为清代学者所推重，钱大昕撰《补元史艺文志》自称从此书采获甚多，章学诚于《校雠通义》中也称其“整齐有法”，独《四库全书总目》于焦氏其人其书多加诋议，不仅所著书多抑入存目，并力攻《国史经籍志》之粗

① 丁丙《善本书室藏书志》卷十四著录此目有抄本，今藏南京图书馆。《适园丛书》第二集有刊本。

陋说：

“《国史经籍志》从钞旧目，无所考核，不论存亡，率尔滥载。古来目录，惟是书最不足凭，谲词炫世，贻误后世。”

此说虽有过当之辞，但它“抄撮史志，多非实有其书”之草率，实为“不足据”之作。[1]然书中有关分类的论述仍有足供参考之处。

明代的私家目录比较兴盛，藏书家大多撰有目录。第一章第二节已列举主要著述书名，大体上以藏书目及专科目为主。这里举要加以论述：

（一）藏书目录：

（1）《百川书志》二十卷，高儒撰

高儒，字子醇，自号百川子，涿州人。他是一个武人，但却嗜书成癖，藏书丰富，曾以六年的时间，整理考索私藏，三易其稿，撰成《百川书志》二十卷。全目以四部分类，类下列九十三门。收录图书近万卷，每书都写有扼要题解，成为重要的提要目录，对后世有所裨益。其异于其他目录书的是在史部之下收录了小说、戏曲之类，反映了撰者已突破了陈旧的规范，为古典文学的研究提供了重要资料。

---

① 余嘉锡：《目录学发微》九《目录学源流考》下。

（2）《晁氏宝文堂书目》三卷，晁瑮撰

晁瑮，字石君，号春陵，开州人。嘉靖辛丑进士，官至国子监司业。家富藏书，所收时有为他目所不载，其子杂门及乐府门中多著录小说、戏曲目录，为研究古典文学史者提供重要参考资料。此目有的图书记有版刻项目，可以参见明代版本的源流，所以，甚为清代学者所重视。

（3）《红雨楼书目》四卷，徐𤊹撰

徐𤊹，字惟迟，更字兴公，闽县人，家境不甚富裕而喜收集图书，合父兄所藏，积书达三万余卷。又勤于著述，《四库全书总目》曾著录其所著《笔精》《榕阴新检》及《闽南唐雅》等多种。他仿《通志·艺文略》及《通考·经籍考》的体例，撰成《红雨楼书目》四卷。《红雨楼书目》著录文艺方面图书为多。卷三子部传奇类收元明杂剧和传奇一百四十种。它所收明代集目也较多，其《明诗选》部分更详注作者履历，是有关明代文艺的宝贵资料。其宋集部分，用表格排录，甚便观览，但往往有书名与姓氏错置者。此目虽成于万历三十年，但续录至南明。

（4）《赵定宇书目》，赵用贤撰

赵用贤，字汝师，号定宇，常熟人。隆庆五年进士，官至吏侍，谥文毅，当时以反对张居正而被杖戍知名，《明史》卷二二九有传而未言其藏书事。此目以登录图书簿形式自纪所藏，故类列极不精密，排次也无顺序。其子赵琦美（初名开美，用贤长子，字玄度，一字如白，号清常道人）撰有《脉望馆书目》传世。赵氏父子的注重收集和典藏图书，开常熟一地藏书家辈出的风气。

（5）《万卷堂书目》，朱睦㮮撰

朱睦㮮，字灌夫，自号东陂居士，生平附见《明史·周王橚传》。他是明宗室中学识渊博，勤于著述的一位学者，所著有《授经图》《经序录》等。他喜好聚书，曾从"中吴、两浙、东郡、趵州、澶渊、应山诸处"借书，"或写录，或补缀"，经过几年始有所积累，于是在宅西"建堂五楹，储书其中"，并以四部分类，为私藏编撰目录，终于在隆庆庚午（1570年）撰成《万卷楼书目》。

（6）《澹生堂书目》，祁承㸁撰

祁承㸁，字尔光，山阴人，万历甲辰进士，官至江西布政使司右参政。他是浙东藏书世家，曾穷搜博采，聚书十万余卷，并编成《澹生堂书目》。此目原写本未分卷，采用表格式，清人邵懿辰谓其书可分为四十七卷。它虽按四部分类，而其下细目多有新意。它为便于检索，采取分析著录与互见著录的方法，对同书而卷册版本有所不同，则以又字另著一条；对上下或正续编著作则分条著录；其目成以后续收各书皆续录各类之末，所有这些都说明此目不是单纯的登录簿而是体现了编者目录思想的著述。

（二）专科目录：

（1）《古今书刻》二卷，周弘祖撰

周弘祖，湖广麻城人。嘉靖三十八年进士，官至福建提学副使。这是别具一格的一种目录书，上编载各直省所刊古籍，下编则录各直省所存石刻，实际上是一部出版目录和金石目录。它保存的版刻资料为考求版刻源流及图书存佚提供了便利。

（2）《医藏书目》，殷仲春撰

殷仲春，字方叔，自号东皋子，浙江秀水人。他是一位收藏医书颇丰的医生，又在江西医书收藏家朱纯宇、饶道尊二家，遍加涉猎。他把所见到的医籍采用佛经中名词分为二十函（类），每函之前有小序，各书分函归属，编成《医藏目录》。由于他套用佛家名词，所以归类很多勉强和不当的地方，并且也有重复；不过此目能集医籍于一编，观览检索，均称方便，不能不说是有所贡献，而医籍专科目录现能见到的也以此目为创作。

（3）《曲品》，吕天成撰

吕天成是明万历时人，他所撰《曲品》二卷，自称系仿钟嵘《诗品》、庾肩吾《书品》和谢赫《画品》例而撰，论评明传奇及其作者。卷上品评作者；卷下品评作品，在作品名下，附简单解题。有作者、内容要旨、版本和评论等，它是一部明传奇的专科目录。

二、《四库全书总目》述评　史志目录的补志工作

清代自顺治入关建立政权之后，历经康、雍、乾三代的恢复与发展，已达到了所谓“盛世”的阶段，学术文化各方面都在前人基础上取得了新的成就。为了配合这种发展，目录学也获得较快的相应发展；与此同时，由于清朝日益加强其文化专制主义，文网日密，文字狱迭兴，钳制益严，忌讳甚多，于是目录学又成为可以直接避免论世知人的避风港，这也使目录学从另一方面获得了推动。再加以印刷，造纸各种工艺发达改进，图书的出版与典藏更为便利，也大有裨益于目录学的发展。基于上述情况，古典目录学到清代可说是达到了鼎盛阶段，取得了出色的成就。

根据前人的约略统计，从汉魏到明末，各种目录共一五一种，而有清一代却有一五五种，与前此各朝总和的相等略

强。不仅数量上超越，清代的目录学著作从收录图书、编制体例、体裁多样和内容价值各方面看，都显示出一种总结前代，开启后代的特色。

清代官修目录的早期著作有《古今图书集成·经籍典》，它着重将历代主要典籍作了一次汇总。但无论从篇帙、内容和影响看，都不能与《四库全书总目》相提并论。

《四库全书总目》有二百卷。在它以前，只有唐代的《群书四部录》是二百卷，可惜此书早佚，无从两相衡量，而后此亦尚未出现篇幅如此巨大的著作。所以《总目》从篇帙上说当是独一无二的一部目录学巨作。它是清朝纂辑《四库全书》的相连产物，当时对于采入和未采入的图书都由馆臣撰写提要。在《四库全书》于乾隆五十四年完成时，《总目》也经较大的修改和补充而告成。这部目录学著作是集中各方面的专才所撰成，如戴震、邵晋涵、周永年都分别承担了经史子各部类的专责，而以博闻强记的纪昀总其成。这些学者都为清代目录学的成就作出了巨大贡献；但后人评论中颇有欠公允者，如清季的李慈铭曾述其事说：

“总目虽纪文达、陆耳山总其成，然经部属之戴东原、史部属之邵南江、子部属之周书仓，皆各集所长。……今言四库者，尽归功于文达，然文达名博览，而于经史之学实疏，集部尤非当家。”[1]

这是李慈铭的一偏之见，难称允洽。耳山后入馆而先没，固不待言，即纪昀对总目的综合平衡、润饰文字之功实不可泯。这里不妨先引述纪氏的同年友和四库馆同僚朱珪的论断。朱珪在为纪昀所写的墓志中写道：

“昀馆书局，笔削考核，一手删定，为全书总目，裒然巨观。”[2]

又在祭文中写道：

“生入玉关，总持四库，万卷提纲，一手编注。”[3]

而纪昀也屡屡自言亲与总目之事的情况说：

“余于癸巳（乾隆三八年）受诏校秘书，殚十年之力始勒为总目二百卷，进呈乙览。”[4]

“余向纂《四库全书》，作经部诗类小序。”[5]

“余校录《四库全书》子部，凡分十四家。”[6]

---

① 李慈铭：《越缦堂读书记》。
② 朱珪：《知足斋文集》卷五。
③ 朱珪：《知足斋文集》卷六。
④ 纪昀：《诗序补义·序》（《纪文达公遗集》卷八）。
⑤ 纪昀：《周易义象合纂·序》（同上）。
⑥ 纪昀：《济众新编·序》（同上）。

“诗日变而日新，余校定四库，所见不下数千家。”[①]

即此数证，纪氏戮力总目之劳已可概见。即使纪氏未亲撰提要，其综览全局、斟酌体例、综合平衡、润饰文字也足以有功于学术，为清代目录事业作出了较大的贡献。

《四库全书总目》的编纂体例具载卷首凡例中，其有功学术，有重要参考价值者在于序、录。全书按四部分类，计经部十类、史部十五类、子部十四类、集部五类。全目著录古籍三四六一种、七九三〇九卷、存目六七九三种、九三五五一卷，有四〇一部无卷数，收录图书可称繁富。它具备部有总序、类有小序和各书有提要等完备的传统编目体制。它的提要不仅“叙作者之爵里，详典籍之源流，别白是非，旁通曲证，使瑕瑜不掩，淄渑以别”。而且还“剖析条流，斟酌今古，辨章学术，高挹群言”[②]。对十八世纪以前的学术进行了一次总结。有的在提要后还加有案评，主要说明分类归属的异动理由，是研究图书分类的资料。因此，《四库全书总目》可以说是一部篇帙巨大、体例较备、内容丰富和具有一定学术价值而为前代所未有的目录学名著。这是清代目录事业上的一大

---

① 纪昀：《四百三十二峰草堂诗钞·序》（同上卷九）。

②《四库提要辨证·序录》。

成就。

由于《总目》篇幅过大，所以又简编了《四库全书简明目录》二十卷。它虽然精简了总序和小序，但有些子目仍附有简短的案语，颇便翻检。国家目录同时编制繁简二本，也是前此各代所没有的创举。

《总目》由于是清朝的官书，所以清人著作多重揄扬，周中孚的《郑堂读书记》可为代表。周记说：

“窃谓自汉以后，簿录之书，无论官撰私著，凡卷弟之繁富，门类之允当，考证之精审，议论之公平，莫有过于是编矣。”

《四库全书纂修考》的作者郭伯恭则称赞《总目》“多至万余种，评骘精审”。

这些评论对其不足之处涉及似少。余嘉锡先生在精研提要的基础上对《总目》作出了超越前人的评论。他既从总的方面肯定《总目》的成就说：

“就其大体言之，可谓自刘向《别录》以来，才有此书也。”

“汉唐目录尽亡，《提要》之作，前所未有，足为读书之门径，学者舍此，莫由问津。”

同时，他又具体指明《总目》的缺点说：

（1）时日急迫，未能从容研究，仓猝成篇。取材范围不广，如经部多取之《经义考》、史子集部多取之《通考·经籍考》。

（2）许多重要的目录学著作未能善加征引，如“隋唐两志，常忽不加察；《通志》《玉海》仅偶一引用；至宋、明志及《千顷堂书目》，已惮于检阅矣。”

（3）撰写提要时由于“绌于时日，往往读未终篇，拈得一义，便率尔操觚”，以致立论多有纰缪。

（4）各书仅记某官采进，不著板刻，以致同一书因全书与总目所据版本不同，而所言互不相应。①

这里，必须指出《总目》在加强封建文化专制主义方面是发挥了它的功能。如对经世学与考据学即持鲜明的不同态度。《日知录》是清初思想家顾炎武讲求经世致用之学的名著，考证精详乃其余事，所以其弟子潘耒写序时特加指明说：

“如弟以考据之精详，文辞之博辨叹服而称述焉，则非先生所以著此书之意也。”

《总目》对《日知录》的全面评价则是“引据浩繁而抵牾者少”，并指斥潘序说：

①《四库提要辨证·序录》。

“炎武生于明末，喜谈经世之务，激于时事，慨然以复古为志。其说或迂而难行，或愎而过锐。……潘耒作是书序乃盛称其经济而以考据精详为末务，殆非笃论矣。”

即此一例，可见其余。

后来与《四库全书总目》有关的著述，大体不外二类：

一类是补其不足的。有：

（1）《四库撤毁书提要》：乾隆五二年发现李清、周亮工、吴其贞、潘柽章等人所撰《南北史合注》《闽小记》等十一种书中有诋毁清朝字句，于是就从全书中撤除，但宫中尚留存副本，有九种书书前仍有提要。一九六五年中华书局印行《总目》时就把发现的九种书提要附印书后，题为《四库撤毁书提要》。

（2）《四库未收书提要》（《揅经室外集》）五卷。嘉庆时浙江巡抚阮元先后征集四库未收书一七〇余种进呈，并命人仿总目写提要。道光二年，子阮福编成五卷，列为外集。

（3）《清代禁毁书目》附《补遗》，姚觐元编。此目所录图书三千余种，数量几乎和四库所录的书相等。此可补四库所不足，也可见当时摧毁文化之烈。

（4）《清代禁书知见录》，孙殿起编。此目记被清代查禁未入四库而后来仍能见到的图书。

（5）《增订四库简明目录标注》二〇卷，邵懿辰编，邵章续订。此目系据简目逐书“分别本之存佚与刻之善否”。邵章又附收各家眉批，成为版本目录的重要著作。

另一类是正其谬误的，有：

（1）《四库提要辨证》二四卷，余嘉锡撰。此书为撰者毕生精力所萃之作，征引繁富，考证精详，为读总目的重要参考书，可惜仅得四九一篇，有待后人的续作。

（2）《四库全书总目提要补正》胡玉缙撰，王欣夫辑。此书辑录清人至近人校订《四库提要》错误阙漏之处，凡订正书籍二千三百余种。

约在纂辑《总目》的同时，乾隆、嘉庆两朝还相继完成了《天禄琳琅书目》的正续篇。它是为版本目录学奠定基础的重要著作。这项工作虽然宋代尤袤的《遂初堂书目》和清初钱曾的《读书敏求记》已开其端，并有所发展；但是，记版刻年代、刊印、流传、庋藏，鉴赏、采择如此详备，仍应以《天禄琳琅书目》为集大成之作。

清代的史志目录，虽然清初有《明史·艺文志》之作，但这部正史中的史志以专收有明一代人著作为限，不仅未能补救宋、辽、金、元四朝艺文志之缺，即清代流传的明人遗著也多漏列，所以颇为人所讥评。正由于有《明志》之失，开启了清代学者补修史志的工作，于是从补辽金元三代入手而蔚为一时风气，补成史志目录达二十余种之多。[①]这些补志搜集资料比较丰富，超过了正史史志目录，特别是近代以来所撰的各种补志如姚振宗的《后汉艺文志》和《三国艺文志》等都辑录了有关资料，成为古典目录学研究工作中的重要参考资料。古典目录书中的史志目录原有缺朝，经过这样陆续补空以后，就可构成中国古代一部完整的综合目录。这是清代目录事业上的一项特殊贡献。

三、清代私家目录的兴盛与目录学研究的成就

清代目录学著作最突出的成就表现在私家目录的撰著上，它不仅数量多，而且还具有前此所没有的若干特点，如：

（一）有些学者不仅为个人私藏编目，而且还为其他藏书编目，如著名学者孙星衍既为私藏编《平津馆藏书记》，又为其宗祠藏书编《孙氏祠堂书目》——这是一部不依四部分类，直接分为十二属的私家目录，在改变图书分类上有它的创新意义。

有不少藏书家已经不满于收藏与鉴赏，而是从各个方面研

①《二十五史补编》已基本上收印，可参用。

究图书，撰写著作，清初的钱曾和中叶的张金吾都是出色的代表。

钱曾（1629—1702），字遵王，自号也是翁，常熟人，是清初富于藏书的大家，也是“见闻既博，辨别尤精”[①]的版本专家。他曾据其丰富藏书编制了《也是园藏书目》《述古堂书目》《读书敏求记》等三种书目。三目虽详略、体例各异，但又各有专工，各得其用。《也是园藏书目》收书三千八百余种，与四库著录相侔尚略胜，仅记书名、卷数，为簿录甲乙的登录簿，便于稽查藏书；《述古堂书目》收书二千二百余种，在书名、卷数外，有的还载有册数和版本，便于求书。《读书敏求记》收藏书中精华部分六三四种，专记宋元精刻，对书的次第完缺，古今异同都加标明和考订，不仅是一部有很高学术水平的版本目录学专著，也开启了后来编纂善本书目之端。清代有关宋元版本的目录，其质与量均为前代所无，使学者多赖此而便于考察。

张金吾（1789—1829），字慎旃，号月霄。江苏常熟人，嘉、道时著名藏书家，他曾自称：

“藏书而不知读书，犹弗藏也；读书而不知研精覃思，随

①《四库全书总目》、《读书敏求记提要》。

性分所近，成专门绝业，犹弗读也。”[①]

因此，他把藏书中的“金元归椠及钞帙之有关实学而世鲜传本者”，著其版式，录其叙跋，并对出书在四库之后，或未经采入四库者，则“略附解题，以识流别”，撰成了版本目录学要籍《爱日精庐藏书志》三十六卷、《续志》四卷。

（二）在传统的目录体裁外，出现了其他形式体裁的目录书。如有些学者并非从登录藏书入手编制目录，而是从致力学术研究入手，随读书、研究，随写成读书记以表述个人的心得与见解。这样经过一定岁月的积累便成为有相当学术水平的目录学专著，如周中孚的《郑堂读书记》、朱绪曾的《开有益斋读书记》等都是，而《郑堂读书记》七十一卷尤蜚声学林，被誉为《四库提要》的续编。

题跋是另一种目录体裁。乾嘉时的著名藏书家、校勘和版本等学专家黄丕烈作出了较大的贡献。他通过对图书的鉴赏和研究后，便以题跋、题识的形式写出了《士礼居藏书题跋记》这样具有学术参考价值的目录学专著，在一定程度上推动了目录、校勘和版本等专学的发展。他的散记题跋也被后人辑为《荛圃藏书题识》和《续录》等目录学专著。另一著名校勘

① 张金吾：《爱日精庐藏书志·序》。

学家顾千里的《思适斋集》《思适斋书跋》和不少著名学者文集中的大量题跋和有关目录学的论著都从各个方面为清代的目录事业增添了内容，其数量之繁多已难一一列举。

（三）专科目录的显著发展，随着学术的发展，专科目录必然兴起与发展，而清代的专科目录的成就尤为显著。除了像清初钱曾按照藏书不同情况分编各目外，按照特定学术领域编制专科目录这方面特别值得注意。朱彝尊的《经义考》和章学诚的《史籍考》是这方面的名作。

朱彝尊，字锡鬯，号竹坨，秀水人，康熙十八年应博学鸿词，授官检讨。他是清初在经学、史学、文学、目录学各方面都有成就的学者，著述闳富。康熙三十年（1691年）去官后，专致力于经学遗篇的搜集整理，约从三十四年（1695年）起，历时五年，撰成《经义存亡考》初稿，从此边修订边刊印，从康熙四十四年（1705年）始，历时五十年，经过三次刊印，于朱氏身后的乾隆二〇年（1755年）方由卢见曾全部刻齐，共三百卷，定名为《经义考》，成为空前的一部经学专科目录。《经义考》不仅注明图书的存、佚、阙或未见，又按书汇辑有关序跋、传记及评论等参考资料，成为辑录体提要目录中的巨著，得到同时学者“非博极群书，不能有此”和“微竹坨博学深思，其孰克为之”[①]等等赞誉。它的影响及于海内外学术界，日本丹波元胤所撰《医籍考》八十卷就是在《经义考》的影响下所撰成，而章学诚的《史籍考》尤著声名。

章学诚，字实斋，浙江会稽人，是乾嘉时期的史评家与目录学家。他从乾隆五十二年开始创制《史籍考》，五十五年又在毕沅的支持下在武昌发凡起例，为《史籍考》的纂修做好了基础工作，五十九年由于毕沅落职而暂停，以后这项工作相继在谢启昆、潘锡恩等主持下纂修了增订稿。但是十分不幸，这样一个有三百余卷篇帙的巨著于咸丰六年竟将各稿全毁于火。现在只留存了《论修史籍考要略》和《史籍考总目》等资料。从这仅存的资料看：《史籍考》应是章学诚目录学思想的具体体现。它的破史部为史籍，自立十二分类[②]、评注版刻、采择逸篇等等主张和见解都很有新意。

谢启昆的《小学考》也是这种性质的名著。

清代由于距宋元时代较远，宋元刊本颇引起人们的重视，著录版本，尤其是著录宋元善本的目录日增，除了官修的《天禄琳琅书目》外，私人所著为数甚多，如《读书敏求记》（钱

①《经义考》毛奇龄、陈廷敬序语。

② 十二分类是制书、纪传、编年、史学、稗史、星历、谱牒、地理、故事、目录、传记、小说。

曾）、《百宋一廛书录》（黄丕烈）、《皕宋楼藏书志》（陆心源）和《善本书室藏书志》（丁丙）等都是有名的善本书目；还有一些“广搜异本”的目录书如邵懿辰的《四库简明目录标注》、莫友芝的《郘亭知见传本书目》等，而杨守敬的《日本访书志》能注意到海外版本，尤有特色。

清代自然科学方面的专科目录工作也是有突出成绩的，康熙时梅文鼎的《勿庵历算书目》对所著历学书六十二种、算学书二十六种，分别撰写提要，成为科学书目的名著。清季华世芳的《近代畴人著述记》和王景沂的《科学书目提要初编》也都是有参考价值的专科书目。

姚际恒的《古今伪书考》是清代继明胡应麟《四部正讹》后的一部辨伪书目，对后来辨伪学的兴盛有一定的影响。

从书子目书目也是清人所创编的一种专科目录，已在本书第一章第二节中述及。

清代对目录学的研究也是颇有成就的，其能和宋代郑樵处于后先辉映地位的大家就是章学诚。章学诚虽然不同意目录学的专名而标举校雠学，并以之命名自己的专著为《校雠通义》，实际上他所研究的问题仍然是目录学中的问题。《校雠通义》一直被公认为目录学专著。他标举宗刘（向）、补郑（樵）、正俗（说）的著述主旨。他评价了郑樵“部次条例，疏通伦类，考其得失”的成就，也对郑樵的缺误提出了自己的见解加以订正和批评。章学诚对于目录学研究的指导思想是“辨章学术，考镜源流”，也就是从揭示图书内容着眼。他把神圣不可侵犯的“六经”，也看作是古代典章制度的纪录，按图书资料提供使用；同时，他把具体的目录工作也提到学术高度来对待，如写类序是为“著录部次，辨章流别，将以折衷六艺，宣明大道，不徒为甲乙纪数之需”[①]，写提要是为了能“推论其要旨，以见古人之所言有物而行有恒者，则一切无实之华言，牵率之文集，亦可因是而治之，庶几辨章学术之一端矣”[②]。他又第一次正式提出了“互著”“别裁”等编制方法，并加以系统的阐述，使宣传图书、指导阅读可以基本上达到全备的要求。[③]

章学诚还把图书、目录和学术研究连成一串不可分割的环形关系，而中心围绕着学术研究。他主张在“辨章学术、考镜源流”的思想指导下进行各项具体的目录工作。他认为图书资料是为学术研究作“聚粮”[④]“转饷”[⑤]的后勤工作。因

① 章学诚：《校雠通义》内篇一《原道》。

② 章学诚：《校雠通义》内篇一《宗刘》篇。

③ 章学诚：《校雠通义》内篇一《互著》《别裁》篇。

④ 章学诚：《文史通义》内篇四《答客问》下。

⑤ 章学诚：《文史通义》外篇三《答黄大俞先生》。

此，为了更有效地为学术服务，他主张编制专科目录和索引。他要求改革传统的图书目录，使一轨于学术之正。他在其名著《校雠通义》的《宗刘》篇中就反复申述此义。他认为即使传统成法一时难以改变，也应附述学术流变。他说：

“《七略》之古法终不可复，而四部之体质又不可改，则四部之中，附以辨章流别之义以见文字之必有源委，亦治书之要法。”①

这种主观上强调目录应该以为学术研究服务为主要任务的观点，和过去只是在客观上起了为学术研究服务的作用相比，确是有了新的突破。这种突破是清代目录事业上的一项成就。

姚振宗（1843—1906年），字海槎，浙江山阴人，是清末能熔铸各种相关学科于一炉而终身致力于编撰目录学著作的学者。他富于藏书，有私藏六万卷之多。他从光绪六年（1880年）重编《汲古阁刊书目》始，先后完成了《师石山房书录》《百宋一廛书录》《湖北艺文志》等目录学专著的类编和撰述工作，加深了功力，提高了学识，为清理和总结传统目录学作了准备。他终于在光绪十五年至二十五年间，尽十年之力，“自《七略》之辑佚，《汉志》之疏补，《后汉》《三

① 章学诚：《校雠通义》《宗刘》二之一。

国》之补志，《隋志》之考证，先后勒成专书”[1]。隔了两年，他又将这些专著亲自编定为《快阁师石山房丛书》，收专著七种，七十四卷，二百余万言。[2]一个不甚知名，又缺乏政治依靠的学者，能独立完成如此繁富的著述，足证其学识之博，功力之深。此实为前此学者所罕至。至其专著的价值，姚氏年谱的作者曾评论说：“每种各书叙录，掇拾群言，折中己意，叙原委，考撰人，条流变，论浃周至。”[3]其中《后汉》《三国》艺文志及《隋志考证》三书最著声誉。后汉、三国二作都不称“补”，因他“不自以为补阙史之缺”。这一方面表示撰者自视所作为创作而非补阙，同时似无视前此钱大昕、侯康、顾櫰三诸家的补志，而自成一家。梁启超于时人多所臧否，独于此二书论其特色五点，并誉之为“清代补志之业，此其最精勤足称者也”[4]。至于《隋书经籍志考证》功力尤深，姚氏也颇自负所作说：“吾于此书，多心得之言，为前人所不发，亦有驳前人旧说之未安者。……取裁安处之间，几

---

① 陈训慈：《山阴姚海槎先生小传》（《师石山房丛书》附）。

② 七种专著是《七略别录佚文》一卷、《七略佚文》一卷，《汉书艺文志条理》八卷、《汉书艺文志拾补》四卷、《隋书经籍志考证》五十二卷、《后汉艺文志》四卷、《三国艺文志》四卷。

③ 陶存煦：《姚海槎先生年谱》。

④ 梁启超：《图书大辞典簿录之部》（《饮冰室合集》专集第十八册）。

经审慎而始定；订正疑异之处，数易稿草而后成。”[1]因之，姚振宗在史志目录领域中所作的补注考证等工作为古典目录学增加了重要的内容。

---

① 姚振宗：《隋书经籍志考证·后序》。

第三章　古典目录学的相关学科

第一节　分类学概说

一、分类学与目录学的关系

一般图书目录的编排可以有各种不同的方法：如分类编排、标题编排、编年编排、地区编排和字顺编排等等方法；不过古典目录书基本上采取了分类编排法。在古典目录书中，分类和目录几乎成了骨肉不可分的关系。如果只有分类而没有形成目录，那么所分之类只能是一时的安排，而不能比较稳定地自成系统；如果只有随意登录的图书目录，而并未加以分类编排，那么这种目录必然是混乱杂陈，无法区别和检用。图书经过分类编排后的成果只能反映在目录上。有了分类的图书目录，人们就可以按照知识的门类去查找所需的图书，以探求知识的宝藏。这都表明了分类与目录的紧密关系。

我国是最早把分类思想应用到图书编排上的国家。在公元前一世纪，刘向父子把从周秦以来逐渐发展的分类思想，运用到整理图书上，终于产生了世界上最早的一部综合分类图书总目——《七略》。古典目录学也就随之而产生。从此开始，历代的目录学家都着重研究了图书分类，提出种种不同的分类主张。图书分类学逐渐形成一种专门的学问。这种研究结果也凝聚反映在各种目录学著作上，又推动了目录学的发展。直到宋代，学者郑樵总结了前此的各种分类，概括出一些理论论述，提出了“学之不专者为书之不明也，书之不明者为类例之不分也”[①]的论题，把分类、图书编排和研究学术三个方面联系在一起，论证了分类与目录的关系。这不仅建立了分类学的某些理论，而且也丰富了目录学的内容。随着目录学研究的发展、目录书的层出，分类学的研究已不只限于大部类，而且在各部之下又进行了划分细类的研究，这就使目录学与分类学能以相辅相成，相互推动地向前发展，给我国古典目录学留下了丰富而宝贵的遗产。因此，分类学必然成为了解和研究目录学时必不可少的一门相关学科。

① 宋郑樵：《校雠略·编次必谨类例议》。

二、图书分类和图书分类目录

《七略》是我国第一部综合性的分类目录。它的撰成是由于在此以前已经有了图书分类和学术分类。我国最早的文献汇编《尚书》中就有典、谟、诰、誓等不同体裁的类别。古代所谓礼、乐、射、御、书、数就是六种不同学科的分类。《左传》中记载三坟、五典、八索、九丘，似即指图书分类[①]，又记鲁哀公三年，宫内失火，抢救藏书时，曾按御书、礼书等分类抢出，可见公府藏书已有分类[②]。孔子对弟子的教育分德行、言语、政事，文学四科授业[③]，也是一种学术分类。战国时期，诸子百家，纷起争鸣，各成流派，学术分类之说更盛。孟子把当时的学术大别为儒墨杨三家，认为“逃墨必归于杨，逃杨必归于儒”[④]。《庄子·天下》篇分天下学术为七派，提出各派首倡者，述其要旨，评其得失。荀子提出了分类学的基本原则：“以类行杂，以一行万”[⑤]和“同则同

---

①《左传》昭公十二年。

②《左传》哀公三年：“夏五月辛卯，司铎火，火逾公宫，桓僖灾，救火者皆曰顾府。南宫敬叔至，命周人出御书。……子服景伯至，命宰人出礼书。”

③《论语·先进》。

④《孟子·尽心》。

⑤《荀子·王制》。

之，异则异之”[①]。这一见解说明了对于大量杂乱的东西只能按类来加以编次，把相同的归在一类，不相同的按类分开，明白地表述了分类的意义和方法了。荀子还在《非十二子》《天论》和《解蔽》等篇著作中介绍了不同的学术流派，有人认为这是书非出于一手的缘故，不过也反映当时有不同的学术分类。韩非认为当时只有儒墨两大流派，可是又说“儒分为八，墨离为三”[②]。这说明学术分类在大类之下还分了小类的发展过程。汉初，收集散失的图书文献，经过初步整理，大致分为律令、军法、章程和礼仪四大类。[③]这可能是一次比较正规的图书分类（其中可能包括一些档案）。而学术分类仍在继续发展，在《淮南子·要略》中，不仅说明各流派的人物，而且还推源溯本地去探求各类学术的源流起因。司马谈《论六家要指》，不仅比较全面地划分了学派，而且还评论各派的优劣，指出各学派的实际应用价值。它对后来向、歆父子编次《诸子略》的分“家”有着明显的影响。

在图书分类和学术分类错综发展的基础上，图书分类目录便比较顺利地诞生。当时，由于图书经过汉初、武帝和成帝几次

---

①《荀子·正名》。

②《韩非子·显学》。

③《史记》卷一三〇《太史公自序》。

全国性的大规模求书而日益增多，但由于堆藏混乱，无法使用，虽然武帝时，杨仆曾“纪奏兵录”，但那只是从中整理出一部分兵书，编制出单科目录而已。大量的其他图书仍亟待整理归类，于是在成帝河平三年（前26年），刘向和任宏、尹咸、李柱国等一 批专业人员就受命整理，而由刘向总其成。他们的分工主要按照学术性质分为六艺、诸子、诗赋、兵书、数术、方技六个整理组，体现了把学术分类的精神融贯到图书分类之中。刘向坚持工作了近二十年，整理了凌乱的图书，分别写了许多书录附在图书上，有人又汇编在一起，即成了所谓《别录》。《别录》就是“别集众录”的意思，是一部提要书目总编。可惜刘向未能亲见事业的最后完成就死了。他的儿子刘歆继承遗业，在《别录》的基础上，进而按书的性质，依先后次序，用较短的时间，于汉哀帝建平元年（前6年）撰成了我国第一部综合性的图书分类总目录——《七略》。它比欧洲第一个正式的图书分类表——1545年瑞士人吉士纳（Konard Nesner）的《万象图书分类法》（Bibliotheca universals）足足早了一千五百余年。①

①《万象图书分类法》分为四大部二十一类。四大部是：字学、数学、修养、高等学科。二十一大类是：语言学、辩证学、修辞学、诗歌、算学、几何、音乐、天文学、占星学、术数、地理、历史、技术、自然科学、形而上学与神学、伦理学、哲学、政治学、法理学、医学和基督教。

《七略》的分类主要是刘向整理图书时的分工，同时也考虑到各类图书分量的平衡。它分为《六艺略》《诸子略》《诗赋略》《兵书略》《术数略》《方技略》等六大类，而以《辑略》总冠全书。这就是图书分类目录中的“六分法”。有人因《七略》之名而称之为七分，这是一种误解。因为《辑略》实际上是各类序的汇篇，不是另有一类。东汉史学家班固深明此意，所以他在改编《七略》入《汉书》为《艺文志》时，就散《辑略》于各类，直接分为六大类。《七略》和《汉志》在六大类下又分种，就是部类下的细类或小类；种下有家，就是目。这种分级可看出我国古代的图书分类已是相当完备了。

六分法是我国最早图书分类目录的分类法。不过后来成为图书中一大部类的史籍并没有取得一定的地位而仅仅附入《六艺略》的春秋家后。这正反映了那时史学不够发达，史籍数量还少的现实。所以说，魏晋以前有史籍、无史部。这种情况到魏晋时开始发生变化。一方面经过汉魏之际的动乱，图书有了聚散的经历，需要重加整理和编目；另一方面有些图书状况发生变化，如随着史学的发达和史学著作的丛出，原来的附目地位已难适应，分类编目有重加调整均衡的必要。所以分类的改革必然为适应实际需要而发生，这正如余嘉锡先生所指出那样：

“书之有部类，犹兵之有师旅也。虽其多寡不能如卒伍之整齐划一，而要不能大相悬绝，故于可分者分之，可合者合之。《七略》之变为四部，大率因此，不独为储藏之不便也。即其目录之篇卷，亦宜使之相称。”①

由六分法改为四分法是分类学上的重要发展阶段。四分法使用时间之长，影响之大，远远超过了其他几种分法，许多学者也很注意这一发展变化。清代乾嘉时期的著名学者钱大昕曾在他的著作中有二处论及此事。钱大昕在《补元史艺文志序》中曾概括地叙述了四分法建立的过程和以后的变化说：

“晋荀勖撰《中经簿》，始分甲乙丙丁四部，而子犹先于史。至李充为著作郎，重分四部，而经史子集之次始定。厥后王亮、谢朏、任昉、殷钧撰书目，皆循四部之名。虽王俭、阮孝绪分而为七，祖暅别而为五。然隋唐以来，志经籍、艺文者，大率用李充部署而已。”

钱大昕又在《诸史问答》中作了更详细的说明。他说：

“晋荀勖撰《中经簿》一曰甲部，纪六艺及小学；二曰乙部，有古诸子家，近世子家，兵书、兵家、术数：三曰丙部，有史记、旧事、皇览簿、杂事；四曰丁部，有诗赋、图

① 余嘉锡：《目录学发微》十《目录类例之沿革》。

赞，汲冢书。四部之分，实始于此。而乙部为子，丙部为史，则子犹先于史。及李充为著作郎，以典籍混乱，删除繁重，以类相从，分为四部：五经为甲部，史记为乙部，诸子为丙部，诗赋为丁部，而经、史、子、集之次始定。”[①]

综合钱大昕的论述，可以归纳为以下几点：

（1）四分法始于西晋荀勖的《中经簿》，当时以甲乙丙丁为次序，乙是子书，丙是史书，子先于史；东晋李充的《四部书目》虽仍以甲乙丙丁为次，但定乙部为史书，丙部为子书。所以后世经史子集的排次是李充所创始。

（2）荀勖、李充以后的古典目录书，大多采取四分法，史书所说的“秘阁以为永制”[②]“自尔因循，无所变革”[③]等等，就是指此而言的，如齐永明元年秘书丞王亮、秘书监谢朏所编制的《秘阁四部目录》，梁天监六年秘书监任昉、秘书丞殷钧所编制的《天监六年四部书目录》、直至唐初编纂的《隋志》等有许多部目录书都采取了四分法来编目。

（3）当时除四分法外，还有刘宋王俭的《七志》和梁阮孝绪的《七录》等七分法，梁祖暅的《五部目录》的五分法，但

---

① 清钱大昕：《潜研堂文集》卷十三。

②《晋书》卷九二《李充传》。

③《隋志》。

都没有能够取代四分法的地位。隋唐以后，四分法一直被沿用下来。

钱大昕对四分法的论述虽比较全面，但仍有不够确切完善的地方，如论四分法的创始，推溯到晋荀勖的《中经簿》，实际上荀勖基本上是依据魏郑默的《中经》（或称《魏中经》）而撰《中经新簿》（或称《晋中经》）。阮孝绪的《七录·序》和《隋志·序》中都清楚地说明了二者的相承关系。[①]所以，四分法的创始应说是魏郑默开其端，晋荀勖毕其功。《魏中经》虽然已难考知其区类，但郑默先驱之功不可泯。而称荀书为《中经簿》也欠区分。因此钱文如作“荀勖因郑默《中经簿》而撰《中经新簿》”，似更缜密。又钱氏所说实有所本，余嘉锡先生在《目录学发微·目录类例之沿革》一篇中已指明此说本于《文选》中任昉《王文宪集·序》注。钱

---

① 关于郑默、荀勖的相承关系有两种看法，一种以为荀勖是“因”郑默所著录的图书，另一种认为荀勖是“因”郑默的图书分类。据《七录·序》说：“晋领秘书监荀勖因《魏中经》，更著《新簿》。”又据《隋志·序》说：“魏秘书郎郑默始制《中经》，秘书监荀勖又因《中经》更著《新簿》。”二序所言，都明指“因”《中经》则其依据郑目无疑，如“因”图书则二序当称“因魏中书”。至《魏中经》是否四分，尚乏明证，但以相距时间之短，相承关系之近，郑默粗具四分之法也有可能，或荀勖即据《魏中经》查验存书，从事补订，更编新目而已。

氏博学，定当览及，未加揭示，似略有欠缺。

比四分法略后而并存的还有五分法与七分法。梁祖暅的《五部目录》，从分部看似是五分，实际上并没有脱离四分法的范围。他只是在四部之外另增“术数”一部而已。这或者和祖暅是一位天文历算学专家有关，所以便对“术数”一类图书有所偏爱而特立一门。五分法后世并无仿行者，影响不大。七分法是刘宋王俭的《七志》所创始。《七志》分为经典志、诸子志、文翰志、军书志、阴阳志、术艺志和图谱志，并附见道经、佛经二部。不久，梁阮孝绪又撰《七录》，它分内外篇，内篇为经典录、记传录、子兵录、文集录、术技录；外篇为佛法录和仙道录。从这二部七分法名著的部类看，它们基本上继承了刘歆《七略》的传统，并结合了当时佛道兴起的现实需要而提出了这一分类法。而且《七志》实际上是九分法，所以没有从形式上得到后继。但它的分类精神却为《隋书·经籍志》的撰者所吸取。它们对图书分类编目的发展作出了应有的历史贡献——它在部下所分类目为进一步完善四分法的分类提供了足资参考的要素。

四分法从魏晋创始以来，得到比较广泛的流传，而经史子集的概念也渐渐被人们所使用，如梁元帝时，颜之推等人曾奉命分校经史子集四部书。[①]而唐初撰《隋书·经籍志》以四分法编目时，就径用经史子集的部类标目来代替甲乙丙丁的编次。由于魏晋时的四分法目录书久已亡佚，所以《隋志》便成为现存最古的四分法目录书了。清季著名目录学家姚振宗曾指出这一点说：

“四部之体，不始于本志（《隋志》），而四部之书之存于世者，则惟本志为最古矣。”[②]

从此以后，历代有很多目录书都根据这一分类来进行编目，而代替甲乙丙丁的经史子集名称，也被后来用作对古籍分类的惯称。清代学者王鸣盛曾说：

“甲乙丙丁亦不如直名经史子集，《隋志》依荀而又改移之。自后，唐宋以下为目者，皆不能违。”[③]

不过，实际上是“自宋以后，始无复有以甲乙分部者矣”[④]。《隋志》虽名为四分，实则系集前此图书分类编目的所有成果。其四大部类虽循荀、李成法，但各部之下共分四十细类则是采取《七略》《汉志》《七录》的遗规。《七

---

①《北齐书》卷四五《颜之推传·观我生赋》自注。

② 清姚振宗：《隋书经籍志考证·叙录》。

③ 清王鸣盛：《十七史商榷》卷六七《经史子集四部》。

④ 余嘉锡：《目录学发微》十《目录类例之沿革》。

略》《汉志》在六大部类之下，共分细类三十八种；《七录》在七大类下又分七十六细类可证。又《隋志》的纂辑，也把《七志》和《七录》作为主要的依据。因之，《隋志》名为四分法，实际上是总括六分、四分、七分诸家成就，演变发展推衍而成的新四分法，它对后世古典目录书的编制有着重要影响。

唐宋以来，《隋志》的分类编目体制一直被沿用，虽后世也间或有所改动，但终未超越规范，如宋陈振孙《直斋书录解题》径以细类划分，而不标四部名目，但细审其图书编次仍以四部先后为次。清孙星衍所撰《孙氏祠堂书目》虽去掉四部大类，直接分为十二类，但细究内容也不过为四部的分化而已。清人管世铭曾主张分图书为经、史、子、集、类、选、录、撰八大类，也只是于四部之外另增四类而已，并无新意。[①]《书目答问》的五部是在四分之外别增丛书一部，也没有变动四分法的类例。因此，在整个古代历史中，《隋志》的四分法仍为图书分类编目的主要分类法。

---

① 清管世铭：《韫山堂文集》卷八《读书得》。

三、图书分类编目中的细类

图书如果只有大的部类而不再分细类，那么检索起来仍然感到不便，所以，古典目录书中有的可以没有大部类，但是必定有细类。因为有了细类，图书就更能比较准确地有所归属，而更便于检索使用。因此，在研究图书分类的时候不能不对细类加以研讨。

从图书分类目录创制开始，就有了细类的划分。《七略》和《汉志》，在六大部类之下所立的三十八种就是细类，如《六艺略》下就分为易、书、诗、礼、乐、春秋、论语、孝经、小学等九种细类。阮孝绪《七录》在七大部类之下又分为五十五细类。如《纪传录》下分国史、注历、旧事、职官、仪典、法制、伪史、杂传、鬼神、土地、谱系和簿录等十二细类。这十二细类的划分，虽然没有加上《史部》的部类名称，实际上已具备后来史部细类的规模。《隋志》确立史部地位后，下分正史、古史、杂史、霸史、起居注、旧事、职官、仪注、刑法、杂传、地理、谱系和簿录等十三细类。《隋志》的十三细类和《七录》的十二个细类基本上大同小异，其《隋志》的改易有几点，即：

（1）《隋志》将《七录》的国史细类分为正史和古史二

细类。

（2）《隋志》将《七录》的杂传、鬼神二细类并为杂传一细类。

（3）《隋志》略改《七录》的类名，如改注历为起居注，改仪典为仪注、改法制为刑法、改伪史为霸史、改土地为地理、改谱状为谱系。

（4）《隋志》仅增加杂史一细类。

唐玄宗时，著名目录学家毋煚撰《古今书录》的史部就采用了《隋志》这十三细类，并对每一细类加以解释。《古今书录》虽佚，但这十三细类的解释却保留在《旧唐书·经籍志》中，文中记道：

“乙部为史，其类十有三：一曰正史，以纪纪传表志；二曰古史，以纪编年系事；三曰杂史，以纪异体杂记；四曰霸史，以纪伪朝国史；五曰起居注，以纪人君言动；六曰旧事，以纪朝廷政令；七曰职官，以纪班序品秩；八曰仪注，以纪吉凶行事；九曰刑法，以纪律令格式；十曰杂传，以纪先圣人物；十一曰地理，以纪山川郡国；十二曰谱系，以纪世族继序；十三曰略录（《隋志》之簿录），以纪史策条目。”

以后的国家目录和史志目录的史部细类基本上沿用此分法，有些补志和私人书目也颇加采用。但有些目录书也对此小有增损，如《明史·艺文志》则减为十细类，《四库全书总目》则增为十五细类，《补辽金元志》增为十六细类，不过仍以十三细类居多，为了能了解细类的增损情况，特以此史部细类变化为例，表列其异同：

隋书·经籍志史部十三类	旧唐书·经籍志史部十三类	新唐书·经籍志史部十三类	宋史·艺文志史部十三类
1. 正史	1. 正史	1. 正史	1. 正史
2. 古史	2. 编年	2. 编年	2. 编年
4. 霸史	3. 伪史	3. 伪史	13. 霸史
5. 起居注	5. 起居注	5. 起居史	×散入别史及编年
3. 杂史	4. 杂史	4. 杂史	3. 别史
6. 旧事	6. 旧事	6. 故事	5. 故事
7. 职官	7. 职官	7. 职官	6. 职官
8. 仪注	9. 仪注	9. 仪注	8. 仪注
9. 刑法	10. 刑法	10. 刑法	9. 刑法
10. 杂传	8. 杂传	8. 杂传记	7. 传记
11. 地理	13. 地理	13. 地理	12. 地理
12. 谱系	12. 谱牒	12. 谱牒	11. 谱牒
13. 簿录	11. 目录	11. 目录	10. 目录
			4. 史钞

（采自郑天挺：《探微集》页二六五）

明史・艺文志 史部十类	四库全书总目 史部十五类	书目答问 史部十四类	清史稿・艺文志 史部十六类
1. 正史	1. 正史	1. 正史	1. 正史
× 并入正史	2. 编年	2. 编年	2. 编年
2. 杂史	5. 杂史	6. 杂史	5. 杂史
×	9. 载记	7. 载记	9. 载记
4. 故事	13. 政书	11. 政书	13. 政书
5. 职官	12. 职官	×	12. 职官
6. 仪注	×	×	×
7. 刑法	×	× 入子部法家	×
8. 传记	7. 传记	8. 传记	7. 传记
9. 地理	11. 地理	10. 地理	11. 地理
10. 谱牒	×	12. 谱录	×
×	14. 目录	× 入谱录	14. 目录
3. 史钞	8. 史钞	×	8. 史钞
	3. 纪事本末	3. 纪事本末	3. 纪事本末
	4. 别史	5. 别史	4. 别史
	6. 诏令奏议	9. 诏令奏议	6. 诏令奏议
	10. 时令	×	10. 时令

续表

明史·艺文志史部十类	四库全书总目史部十五类	书目答问史部十四类	清史稿·艺文志史部十六类
	15. 史评	14. 史评	16. 史评
		4. 古史	
		13. 金石	13. 金石

【附注】表中除《隋志》的细类排次是本书的前后次序外，其他几部目录书是为了相互对照而颠倒打乱了次序，各细类上的号码是表示本书原有的次序。

从附表所列史部细类的变化情况看，有几点值得注意，就是：

（1）细类的划分是随着学术的发展和图书量的增多等具体情况而有所变化，不是一成不变而无可更易的。例如：唐朝史学家刘知几的《史通》是一部著名的评论历史编纂学的史籍，但在《新唐书·艺文志》中却著录在集部文史类，这是由于当时这类性质的图书尚少，难以另分细类的缘故，直到《四库全书总目》时，这类书已能自成一类，于是就归于新划分的史评类中。又如唐杜佑所撰《通典》是一部研究典章制度的重要图书，但在《新唐志》中著录在子部类书类，直到《四库全书总目》始归入政书类。又如宋袁枢的《通鉴纪事本末》因是宋代新创史体，难立一类，所以《宋史·艺文志》就著录于史部编年类中。

（2）各种目录书中的细类名称纵然相同，但所著录内容不尽相同。例如正史类一般都是指纪传体史籍，但是，《明史·艺文志》却是并纪传与编年为正史一细类。又如《三国志》是正史中的一史，现在已是毋庸置疑的事实，但是《旧唐书·经籍志》却把它分为三部书，列魏志于正史，而列吴、蜀二志于伪史类。反之，有些类名不同，但所包含内容却相同，如《隋志》的古史类和以后的编年类相近。霸史、伪史名称虽然不同，但实际内容则相同。

（3）有的目录书分细类的标准并不完全一致，例如：《隋志》对于凡是纪传的史籍就列入正史类；但是，田融所撰的《赵书》十卷，虽是纪传体的史籍，却由于赵是少数民族的政权，在“华夷之辨”的观点支配下而列入霸史类之首，又不再按体裁来归属了。

因此，对于古典目录书不能只是翻读一些细类的标目就以为掌握了内容，而是需要看一看各类著录了一些什么书，有哪些特点，各种目录书在处理归属问题上有什么异同，它们的根据是什么等等。

从宋以来，随着印刷术的发达，学术的发展，撰述日富，图书日增，于是私家藏书渐多，而私家目录勃兴。这些私家目录，有的往往突破了《隋志》系统的分类规范，别创新格。它们根据具体条件，或增或减，或别立新目。有的国家目录和补志目录也有不依《隋志》之旧的。尤其是细类的变化更大，如明朝的国家目录《文渊阁书目》即不依四部，对于史籍只有史、史附、史杂三细类，而清人徐乾学的藏书目《传是楼书目》的史部细类就达三十七类之多。有的类目还标出比较怪异的类名，如清初钱曾的《读书敏求记》就有《豢养类》，著录了宋贾似道的《蟋蟀经》一类图书。《传是楼书目》中有《酒茗类》，著录了唐陆羽《茶经》一类图书，有的索性屏去四部，而直接以细类划分，如清人孙星衍所撰的《孙氏祠堂书目内外篇》，它去掉了四部的大类，直接把藏书分为十二属类：① 经学、② 小学、③ 诸子、④ 天文、⑤ 地理、⑥ 医律、⑦ 史学、⑧ 金石、⑨ 类书、⑩ 词赋、⑪ 书画、⑫ 小说。这是对四分法的最显著的改变，不过若细加推究，它只是把四分法的部类一级取消，其十二属内容并未超出四部范围，如经学、小学可归经部；史学、地理、金石、类书可归史部；

诸子、天文、医律、书画可归子部；小说可分入子史；词赋独归集部。它在十二属下仍划分细类，如史学之属下就分了八类，即① 正史、② 编年、③ 纪事、④ 杂史、⑤ 传记、⑥故事、⑦史论、⑧史钞。所以，孙目只是想摆脱四分法的规制，但仍然没有完全创立新意。

四、关于古籍分类的一些意见

如何把古籍更好地各归其类，是历来学者所注意研究的问题之一。有些已经把自己的设想付诸实践，写成各种目录书，人们就可据此评其优劣、察其得失。有些则只提出设想，未见实践，那也可以作为一家之言，供改进分类的参考。现以史籍为例说明一些学者对古籍分类的意见。

唐朝的史学家刘知几在《史通》的《六家》《二体》两篇中曾提出过六家、二体之说。六家者：尚书家、春秋家、左传家、国语家、史记家、汉书家。清朝浦起龙的《史通通释》把这六家解释为记言家、记事家、编年家、国别家、通古纪传家和断代记传家，这是从史学流派上来讨论史籍的分类。二体者："丘明传《春秋》，子长著《史记》"，即一为编年、一为记传，这是指当时历史著作的两种主要体裁，是从体裁上来讨论史籍的分类。刘知几认为六家是史学的正宗之源；但当时各种内容和体裁的史籍又非六家二体所能概括，所以他不得不在“源”外，又细分了十流。刘知几在《杂述》篇中曾细分为十流，即：① 偏记、② 小录、③ 逸事、④ 琐言、⑤ 郡书、⑥家史、⑦别传、⑧杂记、⑨地理书、⑩都邑簿。 他还对每类举出例书，如陆贾的《楚汉春秋》是偏记，王粲的《汉末英雄记》是小录，葛洪的《西京杂记》是逸事，刘义庆的《世说新语》是琐言，陈寿的《益都耆旧传》是郡书，扬雄的《家牒》是家史，刘向的《列女传》是别传，干宝的《搜神记》是杂记，常璩的《华阳国志》是地理书，《三辅皇图》是都邑簿。综观《史通》中的这些记述，刘知几虽然没有完整的史籍目录，而实际上把他的六家之源和十流并在一起就可以视作刘知几对史籍分类的一种见解。刘知几的分类见解中有几点值得注意：

（1）刘知几把一些子部的书如《西京杂记》和《世说新语》等都当作史籍看待，扩大了史籍的范围。

（2）刘知几在分类意见中对所举的各类都有小序性质的评论，如称“偏记”说：“大抵偏记小录之书，皆记当日当时之事，求诸国史，最为实录。”又称“逸事”说：“逸事者，皆前史所遗，后人所纪，求诸异说，为益实多。”等等。

（3）刘知几很注重地方文献，十流中居其三，有讲地方史如《益都耆旧传》的“郡书”类，有讲地方志如《华阳国志》的“地理书”类，有讲地区图册如《三辅皇图》的“都邑簿”类。

这几点意见对古籍分类都有参考意义。

与刘知几后先媲美的清代史评家章学诚在整编《史籍考》时提出了史籍细类划分的意见。《史籍考》稿毁于火，现仅能从章氏所遗序目中见到规制。章学诚在《论修史籍考要略》一文中提出了纂辑体例十五条，其中重要一点就是扩大史籍范围，他主张从经、子、集、方志各类中选择若干入史籍。[①]他分史籍为十二纲五十七目，十二纲即① 制书、④ 纪传、③ 编年、④ 史学、⑥ 稗史、⑥ 星历、⑦ 谱牒、⑧ 地理、⑨ 故事、⑩ 目录、⑪ 传记、⑫ 小说。在各类之下又分目，如史学类下又分考订、义例、评论、蒙求四目。[②]章氏的主张有三点值得注意：

（1）创议编纂范围广、体制大的史籍专科目录。

（2）既著录专门研究著述，如考订一目；又收登初学读物，如蒙求一目。

① 梁阮孝绪：《七录目次》（见释道宣：《广弘明集》卷三）。

②《章氏遗书》卷十三。

（3）及时反映了图书发展的新情况，如目录类下有丛书目、释道目等。

《史籍考》的编纂无论对专科目录的规制，还是方便于史学研究都有重要作用，可惜未能流传后世。后来，在光绪二十三年时，曾有湖南衡州人杨概撰《拟仿朱氏经义考例纂史籍考》一文，提出了史籍分类的建议。[①]他的建议共分十四类，即御注、敕撰、本史、群史、逸史、刊石、镂板、著录（未成而见序例者）、通说、毖纬、师承、书壁、拟经和译史等，杨氏建议不如章氏者有数端：

（1）杨氏虽生活在清朝末年，已受到一些新思潮的影响，但他的封建观点较章氏尤甚。章氏仅首置制书一类，而杨氏则立御注、敕撰二类。

（2）章氏类目，明晰可知。杨氏类目，晦怪难晓，如“毖纬类”是取毖慎纬书的意思，著录《开元占经》一类占验书；又如书壁是取孔壁尚书的意思，著录有《后汉书》司马彪注，就是说彪注是后来经梁刘昭注，又经宋孙奭手始合于章怀太子注范晔《后汉书》中，情况类似从孔壁发现《尚书》那样。这样曲折隐晦的类目，甚无必要。

①《章氏遗书补录》。

（3）杨氏建议基本上以书的性质为类，但其镂版类却收史汉以来的各种官刻善本，又不以书为类，自乱其例。

乾嘉学者王昶在指导学生读书门径时也曾谈到了史籍的分类。他在《示戴生敦元书》中说：

“史学有四：有纪传之学，自《史记》《汉书》至《明史》所谓二十二史是也；有编年之学，《通鉴纲目》是也；有纪事之学，袁枢《纪事本末》各书是也；有典章之学，《通典》《通志》《通考》《续通考》是也。”①

这是从史籍体裁加以简单的区分，可能不是王昶熟虑以后的见解，但也可备一说。

解放以来，对于古籍分类的问题仍是学术界关心和研讨的问题，特别是开展编制全国善本书总目工作以来，这一问题更为急切需要谋求解决的。目前对于古籍如何分类主要有两种意见：

一种主张仍用“四库法”，一种则主张用新分类法来类分古籍，前者也并非照搬，而是在“四库法”的基础上增删（增多于删）一些类目，以为权宜之用。后者如“中图法”“科院法”“中小型表”及增订本“人大法”等新分类法都主张采用新书、古书统一分类。廖延唐同志在《试论古书分类》一文中

①《沅湘通艺录》卷二。

论述这种统一分类的优点有三，即：

（一）破“四库法”以儒家经典为专类的传统体例。

（二）摒弃“四库法”不妥当的辨体类目（即按书的体裁设置类目）。

（三）删除封建道德观念特别强烈之类目。

该文也分析了使用新分类法类分古书还有一些尚待改善之处，如（一）列目不合古书发展源流及图书的实际情况；（二）仿分不够准确；（三）“四库法”中界说不清之类目，不宜作为某些类目之注释文字；（四）立类太粗，造成所含内容不清，不便使用；（五）部分不易了解含义的类目应举例说明，以明概念而便分类；（六）糟粕书的类目不应太详。[①]

不过，对于单纯古书的分类编目，如善本书总目的编纂，基本上还采用“四库法”而有所修订。他们提出必须改变的三个方面，即：

（一）四库分类，只限于《四库全书》收入之书，有些门类的书在当时已蔚然于著作之林，而四库限于体例，未收或收之甚少应予增入者，如丛书、戏曲、小说等。

（二）时代推移，学术思想领域发展开拓，四库所定类

① 清王昶：《春融堂集》卷六八。

目，不完全适应日益增多的书籍，需予以相应扩增，如《四库总目》史部目录类下分经籍、金石二小类，现直接在史部下分目录与金石为二类。其他如传记类的扩分小类，子部医家类下的增设小类等。

（三）某些类目的设立，从维护封建统治的立场出发，充分反映了封建正统观念，不能不改。如去掉原有的正史、别史、载记三类而各依成书体例分类。

《全国古籍善本书总目》就在这种改进情况下制定了分经、史、子、集、丛书五种五十类及类下若干目的分类表作为编目的分类依据。①

第二节　版本学概说

一、版本学和目录学的关系

版本学和目录学的关系问题，在学术界是有不同看法的。有人认为“版本学是目录学的一部分”。②有人则认为版

①《古籍善本书的分类》（油印本）。

② 毛春翔：《古书版本常谈》第3页。

本学“应该可以成为一门专门的科学”。[①]这二者看来似乎距离很大，各持一端；但我以为它们是可以取得一致的。因为学术的发展，必然使各学科相互包容、相互渗透。版本学从它本身的发展历史和研究内容看，独立成学是完全可以的；但从研究目录学和编制目录书来说，版本学则是目录学不可或分而密切相连的一门学科；反之，若从研究版本学来说，又何尝能完全置目录学于不论呢？那时，目录学又是版本学不可或分而密切相关的一门学科了。所以说，从目录学角度把版本学列为目录学的相关学科，可能两种不同意见的同志都能给予同意吧！

我说版本学是目录学的相关学科，其主要理由有二：

一是从刘向大规模校书开创目录学的时候，就把广搜异本作为一道重要的程序，也可以说，版本学和目录学是同源而同时诞生的。二者有着密切相连的关系。因此说版本学是目录学的相关学科，当可毋庸置疑。

二是目录学的实践活动中确又是不能没有版本学这样一个重要的环节，它可从两方面来作些简略的说明：

（1）目录学的研究和目录书的编纂，其主要对象之一是图书，其重要作用之一是尽量反映图书的各方面情况。图书的书

① 顾廷龙：《版本学与图书馆》（《四川图书馆》1978年11月）。

有多写和版有众刻是天然具有的特点。古典目录学从刘向创始起，就把图书的各种版本情况写入书录。从现存书录中看，他所校各书的异本就有中书（宫中藏本）、外书（社会传本）、太常书（太常寺藏本）、太史书（太史令藏本）、臣某书（私家藏本）等。宋代尤袤所编《遂初堂书目》著录各种不同版本十余种，开目录书著录版本的先河。清代的邵懿辰、莫友芝又从事知见传本的目录著录工作，使一书之下，详列众本，而版本源流和存佚都能体现在目录中，使图书情况的资料日臻完备。所以说，谈目录而不关涉版本则图书情况难以全面反映，谈版本而不落实到目录则资料著录又无所依附，二者关系之密切可以想见。

（2）目录学的重要作用之一还在于指示门径。清人张之洞在《书目答问·略例》中曾谈到此事说：

“诸生好学者，来问应读何书？以何本为善？”

所谓应读何书，正是目录学应发挥的作用，而所谓何本为善则正说明指示门径时不仅要介绍图书内容，而且还应告知何者是善本精刻，以免初学者去读误本劣刻。而对不知如何求书的人还可帮助他们去按本求书。所以，目录又何能舍版本而不求？

总之，从目录学与版本学的同起一源和二者相互为用的关系来看，它们既可独立成学，但亦不必排斥其互为从属的关系，言目录则版本为之辅，言版本则目录也可为之辅。所以有版本目录学的说法，也正是这一现实情况的概括。

二、版本与版本学

版本的名称，正式出现于宋初。开始是专指由雕版印刷而成的图书；后来，范围逐渐扩大，便泛指雕版印刷以前的简策、帛和纸的写本，以及雕版印刷以后的拓本、石印本、影印本、活字本等等形式印成的图书，于是版本便成为一切形式图书的总称而沿用下来。

从泛指含义来说，我国的图书版本应从作为正式图书的简策开始（甲骨文等不是正式图书）。刘向校书时所谓的“一人持本，一人读书”①的“本”就是指简策这种版本而言。从刘向《别录》所留存的几篇书录可以看到有中书、太史书、太常书、臣向书、臣参书、大中大夫卜圭书、射声校尉立书等等各种不同的简策版本。②这是著录异本的开始。1973年长沙马王堆三号汉墓出土的帛书《老子》甲乙本就是汉初帛书的两

①《文选·魏都赋》注，《太平御览》六一八引、读书作读析。

②《七略别录佚文》（《师石山房丛书》本）。

种不同传钞写本。魏文帝曹丕用纸、帛二种材料写《典论》和诗赋分赠孙权、张昭可以算是当时不同载体的版本。[①]南北朝时，写本已有若干不同的版本，在北齐颜之推所著的《颜氏家训》中就标举出河北本、江南本、江南旧本、江南古本、江南书本、俗本等等不同名称。[②]这些都是雕版印刷以前的版本；而雕版印刷发明和盛行以后，版本范围迅速扩大，便逐渐成为一种专门之学了。

我国雕版印刷始于何时？过去学术界对此说法不一。张秀民在所著《中国印刷术的发明及其影响》的专著中，曾以专节讨论。他综合诸说有汉朝说、东晋说、六朝说、隋朝说、唐朝说、五代说和北宋说等七种。他经过一一考辨后，肯定了唐朝说，又从印玺、石经的摹刻，印刷的必备器材和文献记载等方面核定，雕版印刷当始于唐贞观十年左右[③]，而得出结论说：

“中国雕版印刷术大概起源于七世纪初年（636年左右），八世纪市场上出现了印纸，九世纪不但文献记载更多，敦煌发

---

①《三国志·魏书·文帝纪》注引胡冲《吴历》说：“帝以素书所著《典论》及诗赋饷孙权，又以纸写一通与张昭。”

② 北齐颜之推：《颜氏家训》卷六《书证》。

③ 张氏的文献根据是从清人郑机《师竹斋读书随笔汇编》卷十二中找到了明邵经邦《弘简录》卷四十六所记唐太宗在长孙皇后卒后，命令“梓行”她所撰《女则》十篇，而长孙皇后即卒于贞观十年六月。

现的实物也不少，成都并且已成为全国刻书业的中心了。”[①]

这一结论的论据比较可信，但是否一定始于唐贞观十年还可以进一步探讨。现存最早的雕印品实物则是唐懿宗咸通九年（868年）四月十五日王玠为父母消灾祈福而出资雕印的《金刚般若波罗蜜经》一卷（有人认为，1966年10月在朝鲜庆州一石塔内发现的《无垢净光大陀罗尼经》可能是公元704—751年间的刻印本），这卷经是1900年在敦煌千佛洞发现的。全经由一页扉画和六页篇幅相等的经文粘连而成的，长十六尺，高一尺，是卷子本。卷首的扉页是释迦牟尼佛在给孤独园的莲花座上对长老须菩提说法图，布局谨严，刀法纯熟，是一件异常精美的艺术品，经文字体也端庄凝重，浑厚劲拔。从雕印品的技巧成就上推测，雕版印刷术的发明肯定在此以前。令人愤慨的是，这件国宝和其他敦煌古写本几千卷竟在1907年都被英帝国主义分子斯坦因劫窃而去，收藏于伦敦博物馆已达半个世纪以上。

现存国内最早的雕版印品是1953年在成都东门外唐墓中发现的成都府成都县龙池坊卞家雕印贩卖的《陀罗尼经咒》梵文经本，大约一尺见方。中央刻一小佛坐像莲座上，外刻梵文经

① 张秀民：《中国印刷术的发明及其影响》第64页。

咒，大部分是古梵文。咒文外又围刻小佛像。雕印时间虽无直接证据，但唐代成都设府在肃宗至德二年（757年），此件当在此以后，原件现藏四川省博物馆。其他现存实物还有如唐僖宗乾符四年（877年）的历书和中和二年（882年）的民间私历（现藏法国巴黎图书馆）。而中和三年，柳玭随僖宗逃蜀后，在成都书铺所见出售的印本书则种类更多。据《柳氏家训·序》说：

“中和三年癸卯夏，銮舆在蜀之三年也。余为中书舍人，旬休，阅书于重城之东南，其书多阴阳杂记、占梦、相宅、九宫五纬之流，又有字书、小学，率雕版，印纸浸染，不可尽晓。”①

这些书虽然刻印质量较差，但公开发售多种日用书，也在一定程度上反映了雕版印刷这一新技术已经比较广泛地被应用。

雕版印刷术的广泛应用为书有异本提供了有利的物质条件。

唐朝的印本书从现存实物和文献记载看，主要是佛经和民间用书。由政府正式刊印儒家经典则从五代后唐开始。

---

①《旧五代史》卷四十三、《唐书·明宗纪》小注引。

后唐明宗长兴三年（932年）在冯道、李愚等人的建议下，由政府国子监根据唐文宗时的开成石经文字刻印《九经》后，又及他经和《经典释文》等书。这项巨大工程，历时二十二年，直到后周太祖广顺三年（953年）始完成，是官刻经籍之始。这份刻印本就是宋人所称的旧监本或五代监本。它经注并备，经文大字，行约十六字，注文双行小字，行约二十一字，沿用了旧写本格式，可惜后来都亡佚了。与此同时，后蜀孟昶（934—965）相毋昭裔在四川用私财刻印《九经》《文选》《初学记》《白氏六帖》等书，为私人刻书之始。而后晋相和凝除刻印《颜氏家训》等书外，又自写自刻自己的著作，为自刻所著之始，雕版印刷的发展日益兴盛。

雕版印刷发达后，就把印本书称之为版，而称未雕的写本书为本。所以《书林清话》中说：

“雕版谓之版，藏本谓之本。藏本者官私所藏未雕之善本也。”①

到了宋代，版本名称便成为雕版印刷图书的专称。《宋史》卷四三一《崔颐正传》说：

---

① 叶德辉：《书林清话》卷一《版本之名称》。又张舜徽氏在《中国校雠学分论（上）—版本》一文中说：“‘版’的名称原于简牍；‘本’的名称原于缣帛”，并有较详论述，可参阅。（《华中师院学院学报》1979年第3期）。

“（真宗）咸平初，又有学究刘可名言诸经版本多舛误，真宗命择官详正。”

同卷的《邢昺传》中说：

“（真宗景德二年）上幸国子监阅库书，问昺经版几何？昺曰：国初不及四千，今十余万，经传正义皆具。臣少从师业儒时，经具有疏者，百无一二，盖力不能传写。今版本大备，士庶家皆有之。斯乃儒者逢辰之幸也。”

这段对话是版本学上很重要的资料，它包括以下几个内容：

（1）“国初不及四千，今十余万”。所谓“国初”指宋建国之初，当在公元960年以后。所谓“今”指真宗景德二年，为公元1005年。前后相距不过四十余年，而版片数量由四千增至十余万，有二十多倍。足证雕版印刷发展之速。

（2）“经传正义皆具”。经是指儒家经典，传是指儒家学派对经的解释，正义是唐朝学者的疏解，这表明宋代由于雕版印刷的兴盛而具有了完整一套的儒家经典正义和各种注解了。

（3）“盖力不能传写”一语说明有了雕版印刷以后，写本书依然存在，但因用费过昂，不是一般士人所能承担。

（4）“今版本大备，士庶家皆有之。”循此文意，版本当指雕版印刷的书，版本之名作为印本书的专称，或即以此时为最早。由于雕版印刷品比写本价廉，一般士庶之家都能购置。私家藏书的范围显然扩大，为目录学的发展提供了物质条件。

在宋人的著作中，版本的名称作为印本的专称而广泛的使用，如米芾的《海岳题跋》卷一中说：

“唐僧怀素《自叙》，杭州宋氏尝刻版本。”

陆游的《老学庵笔记》卷五中也说：

“尹少稷强记，日能诵麻沙版本书厚一寸。”

朱熹在《上蔡语录·跋》中也说：

“熹初到括苍，得吴任臣写本一篇，后得吴中版本一篇。”

像这样的记述还有很多，它说明了印本书在日益增多；相对而言，写本书在日益减少，这种增减现象，宋代也已明显存在，所以宋代藏书家叶梦得在所著《石林燕语》中就说道：

“世既一以版本为正，而藏本日亡。”

所谓藏本，就是指未雕版印行的写本，所谓日亡就是说写本已经由独立地位沦于附庸，而逐渐被印本所代替。而后来著录者在著录印本的同时，也不可避免地著录印本以外的各种型式的图书，于是渐渐地，版本名称也不专指印本而成为包括印本和印本以外一切型式图书的总称，后世沿用至今未改。

著录版本资料从目录书创编时就开始，在《别录》中有这样的著录：

“臣向以中古文校欧阳、大小夏侯三家经文。《酒诰》脱简一，《召诰》脱简二，率简二十五字者，脱亦二十五字，简二十二字者，脱亦二十二字。文字异者七百有余，脱字数十。”①

这可以认作是目录书著录版本之始，但它所著录的重点是经过广搜异本，比勘文字后的结果，不是纯粹把各种异本作为著录专项。把各种异本，即一种书的多种版本作为著录专项的应以宋尤袤所撰《遂初堂书目》为开端，而同时稍后的岳珂所撰《九经三传沿革例》又张其势。《书林清话》中言其事说：

“自镂版兴，于是兼言版本。其例创于宋尤袤《遂初堂书目》。……目中所录，一书多至数本。……同时岳珂刻九经三传，其沿革例所称……合二十三本。知辨别版本，宋末士大夫已开其风。”②

这种注意版本的风气可能和宋代刻书事业的兴盛有一定的关联。而宋的私家刻书，据《书林清话》所记有三十二家，其中有几家一直著名于后世，所以《天禄琳琅书目茶宴诗》中

① 《七略别录佚文》（《师石山房丛书》本）。
② 叶德辉：《书林清话》卷一《古今藏书家记版本》。

有“赵韩陈岳廖余汪”的诗句，就指私家刻书中的著名七家。坊刻知名的也有近二十家。这样，一种书可能会有许多刻家，自然也就会有多种刻本。藏书家和学者也就必然会加以注意和著录。如开著录版本专项的《遂初堂书目》中曾记一书中有成都石经本、秘阁本、旧监本、京本、江西本、吉州本、杭本、旧杭本、越州本、湖北本、川本、川大字本、川小字本、高丽本等多本。其后岳珂校刻《九经》时曾搜集了二十三种不同类型的版本。后来的目录学著作和目录书也常常有把版本作为研究和著录的一项内容，如清初钱曾的《述古堂书目》就记元版、宋版等资料，而最称记录资料完备的是清代乾嘉时期官撰的《天禄琳琅书目》前后编。它的编纂情况和主要内容是：

“乾隆四十年，大学士于敏中奉敕编《天禄琳琅书目》十卷。分列宋版、元版、明版、影宋等类。于刊刻时地、收藏姓名、印记，一一为之考证。嘉庆二年，以前编未尽及书成以后所得，敕彭元瑞等为后编二十卷。……是为官书言版本之始。”①

由于有许多不同的本子，就会出现彼此间在文字、印刷、装帧等等方面的差别，也会有各种版本的源流、相互关系等等

① 叶德辉：《书林清话》卷一《古今藏书家记版本》。

复杂现象。为了研究和鉴别这些差别并从许多复杂现象中寻求共同规律，于是渐渐形成所谓“版本之学”。

版本学的研究对象是包括一切形式在内的各种图书——碑本、写本、刊本、印本、稿本、抄本、批校本……等等。对于这些图书对象主要的研究范围是：

（1）研究各种图书版本发生和发展的历史，如雕版源流和演变、传抄源流等等。

（2）研究各种图书版本的异同优劣，加以鉴别以判定时代，品评优劣，指明特点，并从直接和间接经验中总结和概括出规律性的东西。

（3）研究版刻、印刷、装帧各方面的技术和它的演变发展与成就，如印刷墨色、字体刀法、藏书印记、版式行款、装帧式样等等，为版本的鉴定提供技术条件。

那么，这种版本之学究竟始于何时呢？

顾廷龙氏认为商周彝器、秦诏莽量的同文异范，如虢叔钟、史颂敦之类就是“版本的权舆”。① 这些实物对版本学的研究固然有所启示，但以它为肇端，似乎过早。因为版本主要是对图书而言。古器物虽有文字记载，但它本身不是特定的载

① 顾廷龙：《版本学与图书馆》（见《四川图书馆》1978年11月）。

体，所以不是正式图书。简策具备了图书的要素而成为最早的正式图书，于是开始有了版本，而版本的研究应以刘向父子对这些简策图书的搜集整理时为始；随着雕版印刷和活字印刷的盛行与发明而兴起来；由于图书日增，研究领域日广研究者日增而大盛于清。

向、歆父子把“广搜异本”放在全部校书工作的首要程序上，然后在异本基础上进行删除重复、条别篇章、定著目次、校雠脱漏、写定正本和著录编目等程序。如果不对所搜罗的异本加以研究比勘，那么以后的几道程序就毫无坚实的基础。所以说，这是版本学研究的开端是完全可以的。

隋初征求遗书时，对陈太建抄本，认为纸墨不精，书法不好，而召“工书之士”来补续残缺。这是对版本鉴定后的决策。炀帝对所抄副本分三级装池：“上品红琉璃轴、中品绀琉璃轴、下品漆轴。”[①] 可证这时已注意到版本的装帧技术。

唐代对于版本也很重视，不仅有专设官员和工匠（如：“熟纸匠”“装潢匠”）掌管技术工作，而且从太宗起就由政府组织人力传写遗佚书，如玄宗在东都时就缮写了五万余册的奇书古籍。私家也大量藏书，如李泌的“插架三万轴”，柳公

①《隋志·序》。

绰的每种书抄备三本。在雕印以前大量地传写藏书反映了不同版本数量的增多和对版本加以考察的情况。

宋代由于雕版印刷和活字印刷的盛行和发明，为版本领域的扩大提供了条件。版本名称正式出现，版本学的研究正式开始。不仅创制了专门的版本目录——《遂初堂书目》，而且许多著名学者也利用版本来治学，如宋景文用十三种版本对校来求得《前汉书》的善本。[①]刻印书时也利用版本来求得好的底本，如廖莹中刻《九经》曾用数十种版本校勘，择定佳本。[②]一些提要目录书也以版本资料作为一项内容，如陈振孙的《直斋书录解题》卷八著录说：

"《元和姓纂》绝无善本，顷在莆田，以数本参校，仅得七八。后又以蜀本校，互有得失，然粗完整矣。"

这些情况说明，版本学的研究、应用已进入到第二个发展阶段。

清代的版本学由于图书事业的发展和学者的专门致力而进入第三个兴盛阶段。其兴盛状况可从三方面作些初步考察。

（一）版本目录和版本学著作的撰著：清代的版本目录有

① 宋叶梦得：《石林燕语》卷八。

② 宋周密：《癸辛杂识》。

国家目录《天禄琳琅书目》正续篇，私人目录如钱曾的《也是园藏书记》和邵懿辰的《四库全书简明目录标注》。在研究著作方面如钱曾的《读书敏求记》、张金吾的《爱日精庐藏书志》和黄丕烈的《士礼居藏书题跋记》等，而散在文集、笔记中论及版本的专类专篇更是所在多有，如顾广圻的《思适斋集》、钱泰吉的《甘泉乡人稿·曝书杂记》和法式善的《陶庐杂录》等等。

（二）版本学成为学术研究的重要组成部分：清代许多著名学者在从事经史诸子各方面的研究中，往往需要研究版本和借助于版本学知识。钱大昕、阮元、段玉裁等等名家都是具备这方面专门知识的学者。段玉裁把寻求好的版本作底本视为治学的第一步，甚而主张“不先正底本，则多诬古人”[①]。钱大昕《潜研堂文集》中的书序和题跋等多有涉及版本之处。这些可以说明版本学已成清代学术中不可或缺的一个门类了。

（三）版本学专才的辈出：清代以版本学为专业者，人才辈出，而且各有所长，清代洪亮吉曾品第清代版本学家为若干等次，他说：

“藏书家有数等：得一书必推求本原，是正缺失，是谓考

① 清段玉裁：《与诸同志论校书之难》（《经韵楼集》卷七）。

订家，如钱少詹大昕、戴吉士震诸人是也。次则辨其版片，注其错讹，是谓校雠家，如卢学士文弨、翁阁学方纲诸人是也。次则搜采异本，上则补石室金匮之遗亡，下可备通人博士之浏览，是谓收藏家，如鄞县范氏之天一阁、钱塘吴氏之瓶花斋、昆山徐氏之传是楼诸家是也。次则弟求精本，独嗜宋刻，作者之旨意纵未尽窥，而刻书之年月最所深悉，是谓赏鉴家，如吴门黄主事丕烈、邬镇鲍处士廷博诸人是也。又次则于旧家中落者，贱售其所藏，富室嗜书者，要求其善价，眼别真赝，心知古今，闽本、蜀本一不得欺，宋椠、元椠见而即识，是谓掠贩家，如吴门之钱景开、陶五柳、湖州之施汉英诸书估是也。”①

洪氏所论，虽对当时版本学不同领域有所高下，但也可见到版本学专才的济济，反映了版本学兴盛的一个侧面。有不少学者是赞成洪氏这种高下之论的，但我认为吴则虞氏对洪氏此论的评论则是比较允当的，他说：

“以上所说（指洪说），是研究版本学之态度与目的问题，是由于各人之目的与要求，与其他学术成就不同，因此而有不同之流派。平心论之，除却贸易获利行为而外，一概俱应

① 清洪亮吉：《北江诗话》卷三。

同等看待。”[①]

分支流派愈细愈专正说明这门学问研究内容的广泛和功力之深。清代的版本学无疑应认为已是专门之学了。

从版本学专著的撰写，与各种学术关系的密切和专业人才的辈出三方面可以看出：版本学在清代确已自成为清代学术领域中与目录、校勘等等并存的一门专学了。叶德辉在《书林清话》中曾论及此事说：

“近人言藏书者，分目录、版本为两种学派，大约官家之书，自《崇文总目》以下至乾隆所修《四库全书总目提要》，是为目录之学。私家之藏，自宋尤袤遂初堂、明毛晋汲古阁及康雍乾嘉以来，各藏书家断断于宋元本旧钞，是为版本之学。然二者皆兼校雠，是又为校勘之学。本朝文治超轶宋元，皆此三者为之根柢。”[②]

把目录、校勘、版本三学作为清学根柢，似欠全面。因为清学不能只以此三者为之根柢，即以张之洞《书目答问》所附清代学术家姓名略的粗略划分就有经学、史学、理学、小学、算学、地理、校勘、金石等等，何一不可作为根柢？若他

① 吴则虞：《版本通论》（《四川图书馆》1978年12月）。
② 叶德辉：《书林清话》卷一《版本之名称》。

所谓的清学是专指考据学而言，则音韵、训诂等学也足称根柢。不过从他这种说法中可见版本之学在清学中的地位及其兴盛状态。

三、版本学的作用

版本学始于汉，兴于宋而盛于清，足见其对学术必有所作用，始能获得如此的发展。那么，它的具体作用究在何处呢？这里只简略论述一下：

首先，版本学是探讨图书制成情况和发展演变过程，从而探求文化发展状况的一种途径。从各种不同版本的本身可以了解到某一时期图书印行流布的大概情况，如从《颜氏家训·书证篇》所记江南本、河北本、古本、旧本等等写本情况就可以了解南北朝时雕版印刷发明以前，图书已在钞写流传，而且其流布已遍及大江南北。从宋版书中浙本、建本、蜀本较多且有名，可以知道宋代的浙江杭州、福建建阳和四川的成都、眉山等地是宋代的印刷中心。同时还知道宋版书中另有安徽、江苏、江西、湖北、湖南、广东等地的官私刻本和书坊刻本，这些都反映了宋代印刷业的发达和图书流布面广阔的情况。从初期的雕版印刷品多为占梦、相室之书、日历和字书等民间用书看，使人们知道唐代后期民间运用印刷已较普遍，从而反映了人们对文化的要求。又如从唐代雕印的佛经可以见到当时信仰佛教的情况。宋代从神宗熙宁弛刻书之禁后，私刻、坊刻大盛，除儒家经典外，史书、子书、医书、算书、诗文集等均有雕印，颇能说明宋代学术文化之盛。又从印刷技巧上也可反映我国的文化成就，如宋仁宗庆历年间（1045年前后）毕昇发明的泥活字就比德国谷腾堡发明铅活字要早四百多年，在世界文化史上占了光辉的一页。元时又有木活字。①还有锡活字则是用铸法而非刻字，这又是一大进步。明朝孝宗弘治以后又盛行铜活字，②而明朝世宗嘉靖以后彩色套印饾版技术的发明等等，都显示了我国文化的卓越成就。

其次，版本学的知识是顺利地读书和研究的重要条件之一。某种图书版本多，说明它的流布面比较广，一般说来比较重要或受人重视。从这种重视与否又可以考察当时的学术风

---

① 缪荃孙：《艺风藏书续记》卷二说他藏有南宋宁宗嘉定十四年木活字本范祖禹《帝学》一书。近来潘天祯所写《明代无锡会通馆印书是锡活字本》一文中说，“近代某些藏书家定为宋活字印本的书，实不足信”，所指似包含缪说在内，并据王静如著《西夏文木活字版佛经与铜牌》一文，认为我国现存最早的活字印本当是元代的木活字印本西夏文《华严经》（《图书馆学通迅》1980年第1期）。潘文对缪说未加论辩，姑并录待考。顾廷龙先生曾面告缪说不可信。

② 据潘天桢上文考证，一般据明华燧会通馆所印各书上有“活字铜版”字样即定为“铜活字版”之说不确，应理解为“锡活字铜版”，详参潘文。

气，有助于了解这一时期的学术潮流。

不同的版本，内容不一定全同，最通常的现象是文字有差异。不了解版本就无从知道书的好坏。清朝版本学家顾广圻在《石研斋书目序》中特别强调了解版本的重要性说：

“同是一书，用较异本，无弗复若径庭者。每见藏书家目录，经某书，史某书云云，而某书之为何本，漫尔不可别识，然则某书果为某书与否，且或有所未确，又乌从论其精粗美恶耶？”[①]

由于了解版本，便可以知道应看哪种版本书，哪种本子的书内容比较完整，文字比较正确。否则研读误本，往往运用错误资料，招致无法理解，甚至发生荒谬的笑话。

因读误本造成笑柄的故事，在雕版以前的写本时代就已发现。颜之推的《颜氏家训·勉学篇》中曾记一读误本贻笑的故事说：

“江南有一权贵，读误本蜀都赋注，解蹲鸱芋也，乃为羊字。人馈羊肉，答书云：‘捐惠蹲鸱。’举朝惊骇，不解事义。久后寻迹，方知如此。”

雕版印书后仍有误本造成的笑话。明代陆深的《俨山外

① 清顾广圻：《思适斋文集》卷十二。

集》中曾记一俗医追告病人煎药需放“锡”作引，使路过的名医戴元礼感到诧异，便不耻下问地去追根求源，原来是俗医读了误本，“锡”字是“饧”（麦芽糖）字之误。

在学术研究上，有些学者往往因不讲求版本之学而贻人以浅陋之讥。在《资治通鉴》卷八七，晋怀帝永嘉五年条有记事说：

“周顗中坐叹曰：‘风景不殊，举目有江河之异。’”

胡三省的注也以江河为是。

清人赵绍祖是有多种著述的史学家，他在所撰《通鉴注商》一书中，根据《晋书·王导传》中有“江山之异”一语，于是批评司马光为“偶易”，胡三省为“傅会”，并说“江河之异”一语，“乃使情味索然”。

陈垣先生在《通鉴胡注表微》一书的《校勘篇》中指出赵绍祖以误本改正本的错误。原来宋本《晋书》就是“江河之异”，而明监本、汲古阁本、清殿本方作“江山之异”。赵绍祖的错误在于“读误本《晋书》”，“为不讲求异本之过也”。所以陈垣先生感叹说：“校书当蓄异本，岂可轻诬古人。”

司马光和胡三省所见所据的宋刻《晋书》，原本无误，明以来的误本，二人不可能得见。赵绍祖以人所未见的误本来改人所已见的正本，恰恰铸成了自己的错误。另一个著名的朴学家惠栋撰著《后汉书补注》时发现了李贤注有一处不妥，但由于没有利用版本，结果在改前人错时又造成自己武断鲁莽的错误而被后人利用版本来加以纠正。清季学者沈涛曾记其事说：

“《后汉书·光武帝纪》：建武二十五年乌桓大人来朝。注：乌桓谓渠帅也。惠徵君补注曰：谓字衍。涛案汲古阁本注作大人谓渠帅也，则谓字非衍，注中乌桓字误耳。”[①]

从赵、惠二人不重版本致误看，读书治学又怎能不注重版本？又如殿本《史记》，一般认为校印较好，但用宋黄善夫本相校，误夺甚多，如《武帝本纪》：“后常三岁一郊是时上求神君”下，黄本索隐正义比殿本多二〇三字，所以，清代版本学家顾广圻就力攻不讲版本是自欺欺人，他说：

“书以弥古为弥善，可不待智者而后知矣。乃世间有一等人（原注：其人荛翁门下士也），必谓书毋庸讲本子。噫！将自欺耶？将欺人耶？”[②]

顾氏抨击治学不讲求版本之说是对的；但是“书以弥古为弥善”的说法则又陷于绝对化。这种说法是清人“佞宋”风气

---

① 清沈涛：《铜熨斗斋随笔》卷四《乌桓大人》。

② 清顾广圻：《蔡中郎文集》十卷外传一卷（校本）跋（《思适斋书跋》卷四）。

的典型代表，它单纯追求形式，一意求古求孤，而置图书内容于不顾。这正是自明以来，宋版书日益昂值，沦为古董的原因所在，是不足取法的。

清代有一部分人对宋版书已到了迷信的地步，不问精不精，但问宋不宋，甚至以叶论价。著名的版本学家黄丕烈甚至自号佞宋主人。所谓百宋一廛、皕宋楼等等藏书楼名也都为了炫奇夸珍。有的视若拱壁，什袭珍藏，不轻示人。清人陈其元的《庸闲斋笔记》中记有一段嘲笑迷古的故事说：

“好古者重宋版书，不惜以千金数百金购得一部，则什袭藏之，不轻示人，即自己亦不忍数缙阅也，每笑其痴。王鼎臣观察定安酷有是癖，宰昆山时，得宋椠《孟子》，举以夸。余请一观，则先令人负一椟出，椟启，中藏楠木匣，开匣方见书。书之纸墨亦古。所刊之笔划亦无异于今之监本。余问之曰：‘读此可增长智慧乎？’曰：‘不能。’‘可较别本多记数行乎？’曰：‘不能。’余笑曰：‘然则不如仍读今监本之为愈耳，奚必费百倍之钱以购此耶？’王恚曰：‘君非解人，岂可共君赏鉴。’急收弃之。余大笑。”

这段故事讽刺得很好。宋版由于刻印时间早，比较接近旧本，错讹相对较少，传本又数量不多，应该加以珍惜。不过也应考虑宋版书本身也有高下，当时即有杭本最精，建本最下的看法（建本中也有佳本）。有些书不加校正，多有讹误缺脱，宋人已有所感，司马光在给刘道原的信中就说：

“今国家虽校定摹印正史……又校得绝不精，只如沈约叙传差却数版亦不寤，其佗可知也。”①

陆游也力斥滥刻之害说：

“近世士大夫所至喜刻书版而略不校雠，错本书散满天下，更误学者，不如不刻为愈也。”②

这是当时人的所见所言，应是可靠可信的；而清人对迷信宋版事也有异议者，如清初的王士禛提出了择善而从的标准，他说：

“今人但贵宋椠本，顾宋椠本亦多讹误，但从善本可耳！”③

嘉道时人光聪谐曾引司马光对宋版的意见来提醒当世那些“矜言宋椠”的人：“观此当亦爽然自失。”④同时，著名藏书家张金吾制定了一个对待宋元旧版的标准说：

---

① 宋司马光：《司马温公集》。

② 宋陆游：《跋历代陵名》。

③ 清王士祯：《居易录》关于宋本也有优劣，前人成说甚多，如宋周辉《清波杂志》、清黄丕烈《抱经堂文集》、顾千里《思适斋集》和杭世骏《道古堂集》中都有记载，可参阅。

④ 清光聪谐：《有不为斋随笔》。

“宋元旧椠有关经史实学而世鲜传本者上也。书虽习见，或宋元刊本，或旧写本，或前贤手校本，可与今本考证异同者次也。书不经见而出于近时传写者又其次也。而要以有裨学术治道者为之断。”①

这是在佞宋风气甚盛时的一些比较平允的意见。宋本可贵，自不待言，但以后的版本也不能认为全部低下。明本一般认为较差，尤其万历以后，乱改古书，雕印质量较差。不过，如明王延喆影刻宋本《史记》以及套版印花等书不能不说是善本佳刻；清初时间虽晚，不过如林佶四写②之类的精刻本也是极为精美之品。所以说，对于古本旧刻，应从形式、内容，也即学术、工艺各方面去考察，不能持弥古弥善的态度，也不要一概而论。

四、版本的区分

版本按照刻书的情况和图书本身形态的不同来加以区分，从而有许多习惯名称（术语）。一般地说，可以有十三种区分

---

① 清张金吾：《爱日精庐藏书志》。

② 林佶，清初福建人，名写家，曾手写王士祯的《渔洋山人精华录》《古夫于亭稿》、汪琬的《尧峰文钞》和陈廷敬的《午亭文编》上版，通称“林写四种”。陈寿祺的《东越文苑后传》有林传。

方法。

（一）按刻书时代的不同区分：即按朝代来区分，如称宋本、元本、明本、清本，或称宋版、宋刊本……

（二）按刻书单位的不同区分：有官刻本、私刻本、坊刻本三大类，各类又有种种不同名称。

（1）官刻本：指由政府主持编校刊行的图书。它往往因具体主持单位不同而有不同名称：

（A）监本：指各朝国子监所刻的书。国子监是官刻的主要单位，在前面多冠表明朝代的字样，如宋监本。明朝因南京、北京二国子监都刻书，所以称南监本、北监本。

（B）公使库本：宋朝在各地所设官员的过路招待所称公使库，它设有印书局，利用积余经费所刻的书。

（C）经厂本：明代司礼监专设的印刷经卷的机构称经厂，有汉经厂、番经厂、道经厂。经厂也刻印一些其他图书称经厂本。

（D）内府本：指明清两朝宫廷内刊印的书。

（E）殿本：指清武英殿刻印的书。

（F）官书局本：指清同光间曾国藩等倡导主持下在各地所设书局的刻印书，经常把书局名加上，如武昌书局本。光绪间五个书局分担刻印二十四史，刻成称为五局合刻本。

其他地方府州县学也多有刻书，都把刻书单位名称加在刻本上作为称呼。

（2）家刻本：指私人刻印的图书。有的用堂名或室名，如宋廖氏的世綵堂本、明晁氏的宝文堂本、清黄氏的士礼居刻本。有的用刻者姓名，如宋黄善夫本。有的仅用姓，如明闵齐伋和凌濛初所刻书称闵刻本、凌刻本，清秦镇的秦刻本、阮元的阮刻本。一般无定名和惯称的，称某氏刻本或径著家刻本均可。

（3）坊刻本：指书商刻印牟利的图书。如宋的黄三八郎书铺、明的安正书堂都刻书颇多。坊刻本的书一般比较滥杂，刻印质量较差；但也不能说得很绝对，即如一向被斥为“劣本”的麻沙本，在《增订四库简明目录标注》著录的《法言》条下〔续录〕中说：“大字麻沙本，最善。”明清之际毛氏汲古阁所刻售的书也还不错。

（三）按刻书地点不同来区分：国内刻本如浙本、闽本、蜀本。有些还可用具体地点来称，如浙本之下有杭州本、衢州本；闽本之下有建阳本、麻沙本。国外刻本有朝鲜本、日本本、越南本。

（四）按刻印质量情况不同来区分：

（1）单刻本：这是指与丛刻本或丛书本相对的单行图书。

一般比丛书本质量要高，因为有的丛书本收录时会有删节。明刻丛书中割裂分开、句删字易的现象就比较严重。

（2）写刻本：这是指上版底本由撰者或名书家书写后照刻的图书，一般书写精美，刻印俱佳，所以可称精刻本。清代康熙时写刻较盛行，所以也有称这时写刻的书为康刻本的。写刻始于五代和凝。宋代有傅穉书的《注东坡先生书》，元明都有，清代金农的《冬心先生集》、郑燮的《板桥集》都是自写刻印，而“林写四种”最为有名。有的书序跋是写刻，就不称写刻本了。

（3）通行本：指一般流行的普通刻本。

（4）三朝本：指宋元明三朝修补重印的书，如南宋国子监对所藏《史记》《两汉》十行中字本等版修补刊行，元代移入西湖书院后，余谦等又修补出版，明代又移入南监修补重印，[1]另外有些多次刷印历经修补的又称递修本。

（5）邋遢本：指书版漫漶模糊的印本。

（6）百衲本：指选用不同佳本书版凑成一部书或一套书而言，如傅增湘印行的《百衲本资治通鉴》、商务汇印的《百衲本二十四史》。

---

① 此三朝本版在清嘉庆时在南京某署被焚。

（7）书帕本：明朝官场（一般外官入朝或公出还朝）作为礼物馈赠的一书一帕（也有一书二帕）的那种书。有自刻印行的，也有剜改归版印行的。多是仓促行事，很少有质量好的。

（五）按刻印先后来区别：有祖本（初刻本、原刻本）、重刻本、翻刻本、仿刻本、影刻本、初印本、后印本。

（六）按版式字体不同来区分：

（1）巾箱本：这是一种版式小，便于携带的图书。巾箱之名始见于《南史·齐衡阳王钧传》，宋代就有巾箱本的名称。这种本最小的有寸余见方的。后世考场夹带也有这类书，如《四书典仓》。后世有称袖珍本的。

（2）两节版本、三节版本：这是指书页横分为二、三栏的印书，俗称两层楼、三层楼。有的都是文字，有的是上图下文，多半是民间通俗读物。

（3）大字本、小字本：宋人刻书多喜用大字，版框纸幅，都较高大，称大字本；有的刻本字体比一般刻本小，称小字本。

（七）按纸质不同来区分：有白纸本、黄纸本、绵纸本、开花纸本等。

（八）按刷印颜色来区分：

（1）朱印本、蓝印本：用红色刷印的称朱印本，用蓝色刷印的称蓝印本。明清两代多有用红色或蓝色刷印若干部供校订改正之用的，类似现在的“征求意见稿”，所以多是初印本，最后定本才用墨印。《胡刻通鉴正文校宋记》就有红黑两种印本。王氏学礼斋刊《思适斋书跋》就是蓝印本，后世行状哀启等也有用蓝色刷印的。

（2）套印本：用不同颜色写书可能始于唐陆德明的《经典释文》。他在《序录·条例》中规定“以墨书经本，朱字辨注”，那就是说经是黑色，注是红色，以后传钞方混为墨书。而雕版后的套印本是指用二至六种不同颜色套印的图书。普通的是红黑二色套印。四色的如《唐宋文醇》在黑色底本外，康熙评语用黄色、乾隆的评点用朱色、诸家的品题用蓝色。五色的如明崇祯时的《十竹斋画谱》。王崇烈的《种瓜亭笔记》（钞本）中说其父王懿荣（清末甲骨文家）见过五色本《西清古鉴》。六色本如清人祁埙所刻《杜工部集》用紫、蓝、朱、绿、黄、墨六色。

（九）按内容增删评点来区分：有增订本、删本、节本、足本、残本、批点本、评本、配本等。

（十）按装帧形式的不同来区分：

（1）简策（册）本：这是最早的正式图书版本形式。刘向《别录》和《汉志》所记《尚书》的中古文、欧阳、大小夏侯等不同版本是版本著录的原始。后世发现的简策可按其时代称秦简和汉简；有的按其出土地点来说如汲冢本。

（2）卷子本：指用帛或纸所写的图书卷成一卷的图书，有的可冠以时代，如称唐卷子本，后世照卷子本复刻的，如黎庶昌《古逸丛书》中有据唐写卷子本刻印的书，也可称复唐卷子本。

（3）梵筴本（折子本、经折装本）：从宋元丰刻印《崇宁万寿大藏》到清雍正时刻印的《龙藏》都是梵筴本，形似后世的折子，所以也可称折子本。又因为它是由于佛经诵经方便，把卷子折叠起来的形式，所以又称经折装本，后世江南一带一直把这种折叠式的折子俗称为“经折”。

（4）旋风装本：就是在卷轴式的底纸上，将书叶鳞次相错地粘裱，打开时，形似龙鳞，所以称为龙鳞装。收卷时，书叶鳞次朝一个方向旋转，宛如旋风，所以又称为旋风装，或旋风叶卷子。[1]

（5）蝴蝶装本（简称蝶装本）：这是宋代主要的装帧形式。就是把每一印叶有字的一面反折向里，版心向里，各叶折好叠起，用糊粘书脑，再用标纸包装起来即成。类似现在的地

---

① 李致忠：《古书“旋风装”考辨》（《文物》1981年第2期）。

图册。这种书可以保护版心，四周即使损坏也不影响版心；但翻阅时需经过两个背面的空白，翻二次看一叶书，比较费时。它在翻阅时像蝴蝶双翅挥动，所以称蝴蝶装，简称蝶装。

（6）包背装本：它和蝶装的不同就在于它是把有字的一面外折，使书口向外，再用书皮包装，已和线装形式差不多，只是不穿孔钉线而用糊粘，后世平装书即取形于此。

（7）线装本：这是公元十五世纪左右（明中叶）在已有基础上改进采用的一种装帧形式。它把书叶整齐后用线装订，即便翻阅又不易破散，所以这种形式代替了前此各种形式而一直为后世所沿用。

（8）平装本、精装本：这实际上就是包背装而略改进装订方法而已，它是目前通用的装帧形式。

（十一）活字本：活字本的发明是我国对世界文化史上的一大贡献。开始用泥，以后用木、铜、锡、铅等作材料。按制作材料不同可区分为：

（1）泥活字本：北宋时毕昇发明，用泥制作，但无流传印本。清道光时泾县翟西园（金生）耗用三十年时间，用泥自造活字，自印图书，复活了泥活字。

（2）木活字本：现存最早的印本是元代的西夏文《华严经》。元王桢的《农书》中有《造活字印书法》即指木活字。

（3）铜活字本：明孝宗弘治后盛行的一种活字。清代所印的《古今图书集成》就是铜活字本。

（4）铅活字本：约在明弘治、正德年间出现，但当时不受重视，仅见于明陆深的《金台纪闻》的记载，未见过印本，而后世印刷主要用铅字了。

（5）锡活字本：据王桢《农书》所载，或始于元初。可注意的是“铸锡作字”，即已改刻为铸，这是重大的发展，但因用墨不易，未能流行。据近人考证，明弘治间无锡华氏会通馆所印各书就是锡活字本，并说它是我国现存的最古的汉文活字印本。①

（6）聚珍版：指清武英殿木活字本。乾隆因活字与死字对称不雅，改称聚珍。武英殿用木活字所印的大量图书就称聚珍版，以后因区别各地仿刻本而称内聚珍本。武英殿聚珍本刻书甚多，各地需要量大，于是福建、广东即照聚珍本版式原样仿刻，杭州、江西、苏州则照式仿刻为袖珍本，这些仿刻本称外聚珍本。必须注意的是，武英殿聚珍本虽是活字，但又不完全用活字，它先刻一块有界栏的版，称为“套格”，然后在版心

① 潘天祯：《明代无锡会通馆印书是锡活字》（《图书馆学通讯》1980年第1期）。

处嵌入所印书的书名、卷次、页码等，先刷印“套格”，再排正文，成版后就将印好的“套格”复上套印成叶。另外《武英殿聚珍版丛书》中的《易纬》《汉官旧仪》等四种根本不是活字而是雕版印刷的。还有一些未收入丛书的活字印本书。

（十二）非雕版印刷的图书：

（1）写本：现存最早的写本是晋元康六年佛经残卷，在日本。写本可在前冠以时代和写者，如唐写本、宋写本、内府写本、××写本等。

（2）抄本：宋抄本、元抄本、传抄本、影抄本、旧抄本、清抄本等。

（3）稿本：手稿本、清稿本。

（4）拓本：碑本、石本。

（5）其他有石印本、铅印本、影印本、珂锣版本等。

（十三）按文物价值来区分：有孤本、秘本、珍本、善本等。

以上所述，并不完备，只是就目录书所著录的版本资料中常见的和在编制目录书著录版本资料时所常用的一些区分名称作些概括的说明而已。至于目录书如何著录版本资料，余嘉锡先生曾讲过一段很详尽的话，他说：

“余谓欲著某书之为何本，不当仅言宋刊本、明刊本已也。刻书之时有不同，地有不同，人有不同，则其书必不尽同，故时当记其纪元干支；地当记其州府坊肆；人当记其姓名别号，又不第此也，更当记其卷帙之分合、篇章之完阙、文字之同异，而后某书之为与否，庶乎其有可考也。”①

五、版本的鉴别

版本的鉴别是版本学中的重要技术问题，也是编制目录书著录版本所遇到的第一道难关。因为只有鉴定确实以后才能著录。区分版本，加上应有的名称是比较容易的；但如何区分却是需要有长期积累的知识才能比较好地解决。版本鉴别的中心问题是确定时代的问题，经眼实物和参考文献资料（包括记载和书影）固然有益，但我认为一些专家和老书业人员丰富的经验也不容忽视。解放后，中国书店曾经对鉴别版本问题比较全面地进行过总结，他们把鉴别版本的方法归结为八个方面，②这八个方面是：

（一）根据牌记、封面和序文来识别：

（1）牌记：俗称书牌子，也叫木记。私刻和坊刻多有这类

---

① 余嘉锡：《藏园群书题记序》（见《余嘉锡论学杂著》中华本）。

② 中国书店：《古籍版本知识》（油印本）。

牌记，一般在书的序目后边或卷末，牌记上刊有刻家姓名、堂号或书铺字号、刊刻年月、地点等项以表示版权所有。利用牌记要注意二点：① 假刻或剜改牌记；② 翻刻时照刻原牌记。

（2）封面：这不是指现在图书外面的封面——这在过去称封皮。封面是指封皮翻开后反面的一页或另一扉页，上面往往记有书名、刻家名和刻版年月。但要注意有的重印本换了封面而正文仍是原版。

（3）序文：序文内容通常包括图书的内容、编者意旨、刊刻经过、序尾署撰者姓名、时间等，一般撰者自序的写作时间多与刻书年代相近。但要注意：① 序文中记年月有的仅记甲子，就要细加审订，否则至少会差六十年；② 撰者自序以外的其他序要细看序文内容是否提到刻书的情况；③ 有的翻刻本把原序刻入，要寻求其他根据，以免误定为原刻。

（二）根据题跋识语、名家藏章来识别：

（1）题跋识语：图书的卷首、卷尾或扉页往往有藏书家的题识跋语、叙明版刻时代、内容正误和收藏源流等。

（2）藏章：藏书家为表明自己的收藏，常在书的首、尾、序、目等处钤盖姓名、别号、室名等等藏章；如是名家还比较容易找到藏者的真名，如不是名家就需要利用一些工具书去辗转追索，了解到收藏来源便有利于解决版本时间的下限问题。

（三）根据书名虚衔来识别：书名前所加尊称如皇朝、国朝、昭代等等多半是当时所刻。如《国朝诗铎》是清刻本的书名而解放后印本则称《清诗铎》。

（四）根据避讳字来识别：封建王朝对帝王名字都要避讳，宋刻讳字甚严，要缺笔、改字或在名字处改填“御名”“今上御名”等字样，不仅讳本字，嫌名亦讳。元刻就不像宋人之严。另外对家庭中尊辈也避讳称“家讳”，宋人陆游子遹刻印《渭南文集》时，游字缺笔，各朝讳例可查陈垣先生所著《史讳举例》卷八，利用避讳来鉴定版本时要考虑后代避前朝讳和翻刻、覆刻沿而未改等情况。

（五）根据刻工姓名来识别：宋明版本版心下端常常有刻工姓名。如此刻本有姓名而不知时代，彼刻本有同样姓名，并知确实时代，那么互相比证，就成为鉴定版本的有力根据。

（六）根据行款字数来识别：一书多刻、行款字数有所不同，就可作为依据。清人江标所辑《宋元本行格表》和近人赵鸿谦所辑《宋元本行格表》（《中央大学国学图书馆第一年刊》）均可供参证。

（七）根据各家著录来识别：不少目录书中往往记有字体、纸张、行款、版式、卷数等等版本资料。这些著录资料可作识别版本的参证。但要注意翻刻本有无窜改，如《筹海图编》一书，目录书多著胡宗宪撰，实际是郑若曾纂，因原版毁于火，胡氏子孙翻刻时窜作胡撰，后得祖本，方知为郑纂。

（八）根据版刻本身特点来识别：各时代刻本有各自风格，主要从字体、墨色、用纸、版式、装帧等方面的特点来识别。如宋刻本字体有早欧中颜晚柳之说，版式早期多单栏，后为左右双栏，上下单栏，白口单鱼尾，多有刻工姓名和牌记，蝴蝶装，墨香色淡，纸多洁白厚纸。其用旧纸背面印者尤利鉴别。明刻本字体初期仿宋及赵字，中期类颜，晚期成为长宋。版式四周双栏，初期粗黑口。正德以后多为白口，版心记字数及刻工，有牌记；包背装和线装；墨不好；纸则嘉靖前多绵纸，嘉靖后多竹纸。这些只指一般情况，也有一些不同情况，不能只执一端。

上述八个方面只就主要根据而言，未能概括无遗，尚须读版本专著，接触实物，细心辨认，积累经验以日趋熟练。

对于校钞本的识别，一般根据四条标准，即：

（1）分清各时代的书法和风气；

（2）分清各时代的纸墨质量；

（3）熟悉各家室名、别名、图章、印色；

（4）辨认钞书各家用纸。

这四条标准都是从形式方面来考察。我认为，由于习惯上常把抄校书的价值看得高于刻本书，因此要注意到作伪问题，除了形式考察外还要注意书的内容即：（1）注意书的内容是否和作者的时代相符；（2）注意校钞本内容是否从一些稀有刊本中反抄回来的；（3）注意内容是否从许多书里杂抄、类抄而成的。

至于活字版本的鉴定，一般注意它和雕版书的区别，如：

（1）活字版的栏线、界线的接连处不甚衔接，有间距，有的行线时有时无，雕版书无此现象。

（2）活字版是摆字，所以行气不整，字有倾斜歪扭，甚至倒置。雕版书行气贯连，字无歪倒。

（3）活字版每字一刻，字体大小笔画粗细不一；雕版一气呵成，字体匀称，笔画基本一样。

（4）活字版摆印时有凹凸，所以墨色有轻重；雕版版面平整，墨色较均匀。

（5）活字版字各为体，所以字无交叉；雕版为行气结构美观，字时有交叉。

（6）活字版拼版时上下栏线有一定距离，所以书口上下栏线整齐；雕版由于书版涨缩和版心大小不一，所以只齐下栏，上栏不齐。

（7）活字版现拼现拆，故版面无断裂痕；雕版年久会出现断裂。

活字本看来似乎比较易于鉴定；但需注意影刻活字本。它具备活字本特点，却是雕版，所幸这种版本数量较少，现在人所共知的有几种，如：① 明影铜活字本《锦绣万花谷》、② 明《蔡中郎集》、③ 清广雅书局影内聚珍各书。事实上，如果从栏线衔接，墨色纸张和版面上仔细考察还是有不同处的。

总之，版本的鉴别最重要在于经眼，文字记载只是辅助知识，告诉人们从那些方面着手考察而已，如果以为知道一些初步知识就能鉴别无误，那是不实际的；有些书一直还存有争论，如《万宝诗山》一书，清代著名版本学家钱谦益、季振宜、陆心源、莫友芝等都鉴定为宋版；日本学者岛田翰认为是明宣德本；近人叶德辉认为是明正统本；而现代版本专家赵万里则认为是元建阳本。

最后，我对鉴定版本问题提出几点粗浅的看法：

（1）鉴定版本不要只根据一个或几个方面就作判断，要从多方面作综合考虑，还要结合时代的其他因素（如文化发展状况）和图书内容考虑。

（2）鉴定版本所需的知识方面很广，除一般文史知识外如书法、篆刻、墨色、纸张、装潢、文字、时代风尚、社会习俗等等方面的知识都要牵涉到，所以不能只从单纯技术方面考虑，而要逐步掌握广泛的知识。

（3）鉴定版本要多翻阅和熟悉有关版本问题的文献记载和目录书中著录的版本资料。也要注意新的出土文献，如长沙马王堆汉墓出土的帛书《老子》甲乙本、《战国策》和《易经》等都为版本扩大了领域。

（4）鉴定版本要利用一切可能机会多接触实物，至少多看些书影、集锦[①]之类以增加感性知识，开阔眼界，并把经眼所得与文献相印证。

（5）鉴定版本要多请教专家内行，尤其要重视和总结老收藏家和老书业人员的经验与见解，不能以他们是赏鉴或稗贩而加以轻视。

---

① 书影是影印各种善本的样张，每种印一、二页加以说明，字体版式一如原物。集锦是每种善本抽一、二页集在一起，原书面目一一保留，如苏州《文学山房明刻集锦》。

第三节　校勘学概说

一、校勘学与目录学的关系

校勘是刘向校书编目工作中的一道工序，是编制目录的重要前驱环节，当时称为“校雠”。刘向曾对校雠下过定义说：

“一人读书，校其上下，得其谬误为校；一人持本，一人读书，若怨家相对为雠。”①

这一解释对校雠的性质和含义讲得很明确，实际上就是我们现在整理古籍时比勘文字的校勘工作。刘向把校书工作分为六个步骤，即：一兼备众本，二比勘文字，三审定篇次，四确立书名，五厘定部居，六叙述源流，最后把这些步骤的成果写成每书书录，又汇各书录为目录书——《别录》。校勘就是其中的第二步。所以校勘和目录从目录学一创始就是相伴并存、互有关联的两个环节。

一部目录书著录项目之一是版本，仅仅罗列异本固然可以；但是，一部有质量的版本目录，还应该说明其异同，有所

①《昭明文选·魏都赋》李善注引《风俗通》。

评论。现以增订《四库简明目录标注》的著录为例，如：

（1）《史记集解》一百三十卷条小字附注：

“汲古阁刊本、毛刻单集解系翻北宋本，正文与各本多异。”

（2）《新唐书纠缪》二十卷条称：

“世所行本多佚脱倒乱，今以南宋椠本校补。”

这种著录虽只寥寥数语，但所谓“与各本多异”“多佚脱倒乱”等等著录资料若非经过若干异本的相互校勘是难以着笔的，而写进目录书中的这一校勘成果对后人读书治学将有很大的裨助，这种例子，一些目录书中所在多有。目录书著录版本资料是一种改进，而著录经过校勘的版本资料尤为可贵。目录、版本、校勘的连环关系，于著录项目中可见。

提要目录是目录书中有悠久传统的优良体制。它的书录部分就包括有校勘成果，这从刘向时已开始。刘向把内廷所藏古文《尚书》和欧阳、大小夏侯三家经文相互比勘以后发现有错脱，于是就把这一成果写入书录中说：

“臣向以中古文校欧阳、大小夏侯三家经文。《酒诰》脱简一，《召诰》脱简二，率简二十五字者，脱亦二十五字，简二十二字者，脱亦二十二字。文字异者七百有余，脱字数十。”[①]

这是把不同简书相互校雠后的结果写入了书录，也是最早的一篇校勘记。后来的提要目录中也常写入这种校勘资料。如《四库全书总目》卷四五《史记正义》条，全篇提要就是以史记震泽王氏刊本与明监本相校后，写入了明监本的脱落情况。又卷五一吴韦昭注《国语》二十一卷条的提要中曾记称：

“昭所注本，《隋志》作二十二卷，《唐志》作二十卷。而此本首尾完具，实二十一卷，诸家所传南北宋版，无不相同，知《隋志》误一字，《唐志》脱一字也。”

这些内容都是通过异本校勘方得到的资料。所以校勘资料也是书录的内容之一。

从目录的创始、目录的著录项目和目录的提要内容可以看到目录与校勘的密切关系了。

二、校勘与校勘学

校勘的名称虽晚，但它的实际活动渊源甚早。《国语·鲁语下》中曾记鲁大夫闵马父对景伯说：

“昔正考父校商之名颂十二篇于周太师。以《那》为首。”

---

①《七略别录佚文》（《师石山房丛书》本）。

正考父是孔子的七世祖，周末时是宋国大夫。这件故事细节已不可知，但无疑是一种用异本来比勘的活动。孔子整理诗书，虽未明言校勘之事，但从所谓“去其重”[①]推想，如不将异本相校则无从去重，所以孔子删诗书必有校勘活动。孔子的学生子夏曾在卫国校正了“晋师三豕涉河”为“晋师己亥渡河”之误，提出了形近而讹的例子。[②]刘向父子校书时，把校勘工作列为步骤之一，称为“校雠”，并下了界说，校勘始具纲领，但尚非专一从事。至于以校勘为专业当以东汉末年郑玄的整理诸经为正式开始。《后汉书·郑玄传论》中说：

“郑玄囊括大典，网罗众家，删繁裁芜，刊改漏失。自是学者略知所归。”

“刊改漏失”，当是一项校勘工作。

清人段玉裁概括了这一段发展过程说：

“校书何放乎？放于孔子、子夏。自孔、卜而后，汉成帝时，刘向及任宏、尹咸、李柱国，各显所能奏上。向卒，歆终其业。于时有雠有校，有竹有素，盖綦详焉。而千古之大业，未有盛于郑康成者也。”[③]

---

①《史记》卷四七《孔子世家》。

②《吕氏春秋·察传》。

③ 段玉裁：《经义杂记·序》。

魏晋以来，虽然政府有校书活动，势必会有些校勘工作，但校勘工作的发展情况具体记载不多。

唐代，校勘工作又被重视。除了国家大规模的校书外，私人的校勘工作也颇有成绩，如：

“（韦述）聚书二万卷，皆自校定铅椠，虽御府不逮也。”①

宋代随着目录、版本诸学的发展，校勘也大盛，并在前人基础上制定条例，提出方法，又有专门从事的人才。校勘至宋可以说已成一门独立学问——校勘学。

宋朝政府对校勘颇为重视。校书机构特别制定校勘条例作为校勘工作的准绳。条例中说：

“诸字有误者，以雌黄涂讫，别书。或多字以雌黄圈之；少者于字侧添入；或字侧不容注者，即用朱圈，仍于本行上下空纸上标写；倒置，于两字间书乙字；诸点语断处，以侧为正；其有人名、地名、物名等合细分者，即于中间细点。”②

这项条例详细规定了改错字和各种句读的格式，而且是一项行之已久的公开规定，因为在此以前在士大夫中已有影响，如沈括在《梦溪笔谈》中就记及馆阁校书改误之事说：

---

①《旧唐书》卷一〇二《韦述传》。

②《南宋馆阁录》卷三。

“馆阁新书净本有误书处，以雌黄涂之。尝校改正之法，刮洗则伤纸，纸贴又易脱，粉涂则字不没，涂数遍方能漫灭。唯雌黄一漫则灭，仍久而不脱，古人谓之铅黄，盖用之有素矣。”①

可见，这种校勘方法的规定，从北宋以来就已实行。这些具体规定是从前人经验中总结而来，绝非响壁虚构。它反映了校勘之事到宋代已发展到一定的水平了。

宋代的私人校勘工作更是名家辈出。这些人对校勘已作为一门专学在研究。他们都具有丰富的经验和深切的体会，也总结出一套具体细致的校勘方法。沈括的《梦溪笔谈》中曾记载北宋初年校勘学家宋绶校勘藏书的故事说：

“宋宣献（绶）博学，喜藏异书，皆手自校雠，常谓校书如扫尘。一面扫，一面生，故有一书每三四校，犹有脱谬。”②

宋绶的切身体会说明校勘工作的不容易。

宋代关于校勘工作和校勘家的记载很多，如金石学家赵明诚和著名女词人李清照是有共同“书癖”的一对夫妇，他

① 宋沈括：《梦溪笔谈》卷一。
② 宋沈括：《梦溪笔谈》卷二五。

们“每获一书即同共校勘，整集签题”[①]。目录学家晁公武自称“躬以朱黄雠校舛误”[②]。张举“手校数万卷，无一舛误”[③]。其他例证尚多。所以清代有人总括说：“校勘之学，宋儒所不废。”[④]

宋代的许多校勘名家中以岳珂为最著。他既是版本学家，又是校勘学家。他不仅作了广搜异本的工作，而且还总括了一整套的校勘方法。清代的校勘学家钱泰吉曾在著作中记述了岳珂校勘群书的情况说：

“宋岳倦翁刊九经三传，以家塾所藏诸刻，并兴国于氏、建安余仁仲本，凡二十本。又以越中旧本注疏、建本有音释注疏，蜀注疏合二十三本，专属本经名士，反复参订，始命良工入梓。其所撰相台书塾刊正九经三传沿革例，于书本、字画、注文、音释、句读、脱简、考异皆罗列条目，可见其详审矣。”[⑤]

这段记述指明岳珂对校勘学作出了两方面贡献。其

---

① 宋赵明诚：《金石录·后序》。

②《郡斋读书志·序》。

③《宋史》卷四五八《张举传》。

④ 清谢章铤：《课余偶录》卷三（见《睹棋山庄集》）。

⑤ 清钱泰吉：《曝书杂记》（《甘泉乡人稿》卷七）。

一，岳珂的“专属本经名士，反复参订”，是提出了专才校勘的重要问题，用专业人员校勘专业图书是事半功倍的有效措施；其二，从书本到考异的七个方面正是一整套的校勘程序，就是：（1）广征异本、（2）精审字画、（3）订正注疏、（4）详明音释、（5）点定句读、（6）查明脱落、（7）考定同异。至此，校勘学的工作程序已定，后世亦多沿用。经过这一套程序而刊刻的书目是良本，而其成果入于目录，则使目录增添了重要的学术性内容。

明代虽也有校勘之事，但明人乱改恶习造成图书一种灾难。这种歪风，至清方获一定的改正。

校勘学到清代得到极大发展，校勘学作为专门之学的地位也在这时得到底定，正如梁启超所说：

“古书传习愈希者，其传钞踵刻，讹谬愈甚，驯致不可读，而其书以废。清儒则博征善本以校勘之。校勘遂成一专门学。”①

校勘学在清代之所以兴盛正是由于图书传讹难懂，读书治学有困难，这是客观现实上的要求，于是从事此道的人逐渐增多，校勘的方法也日趋完备，而在学术领域中自成独立门类。

① 梁启超：《清代学术概论》十六。

清代开校勘学之端的是顾炎武。他所著的《九经误字》就是一部校勘学名著。他在此书的自序中说：

“今天下九经之本，以国子监所刻者为据，而其中讹脱实多。又《周礼》《仪礼》《公羊》《穀梁》二传，既不列于学官，其学殆废，而《仪礼》则更无他本可雠其讹脱，尤甚于诸经。若士子各专一经，而下邑穷儒，不能皆得监本，止习书肆流传之本，则又往往异于监本，无怪乎经术之不通，人材之日下也已。余至关中见唐石壁九经，复得旧时摹本读之，虽不无踳驳，而有足以正今监本之误者列之，以告后学，亦庶乎离经之一助云。”①

接着，戴震、段玉裁等著名学者继起，他们不仅在学术研究中进行校勘工作，而且还提出了如何进行校勘的方法和对校勘的要求。戴震提出校勘的两项基本方法：

（1）识字：他主张从识字开始来知道声音，从声音通晓训诂，由训诂来求得字的真义。

（2）博征：就是广泛地搜求佐证，没有佐证就不肯定，证据不足（孤证）也不肯定，对于前人成说也不附和。

他提出了对校勘学的要求是：

---

①《亭林先生遗书汇辑》。

“搜考异文，以为订经之助；又广览汉儒笺注之存者以为综考故训之助。”①

这就把校勘学推进了一步。校勘不仅订文字的异同，还要考训诂之是非。这种要求，段玉裁提得更明确。段氏在和友人讨论校勘学问题时曾提出要解决两个是非问题，就是定底本之是非和立说之是非，他说：

“校书定是非最难。是非有二：曰底本之是非，曰立说之是非。必先定底本之是非，而后可断其立说之是非。……何谓底本？著书者之稿本是也；何谓立说，著书者所言之义理是也。……不先正底本，则多诬古人；不断其说之是非，则多误今人。”②

戴、段之说奠定了校勘学的基础，几为清代学者进行校勘的总方针，就是：多备异本以勘其异同；广搜佐证以声类义训定是非。

校勘学到了戴、段所处的乾隆朝可说是发展到了极盛时期。李兆洛曾概括其事说：

“乾隆中极盛矣，上自钜卿名儒，下逮博士学究，无不通

① 清戴震：《古经解钩沉·序》（《戴东原集》卷十）。

② 清段玉裁：《与诸同志论校书之难》（见《经韵楼集》卷七）。

知此义，一时如抱经卢学士、怀祖王观察父子、竹汀钱詹事，无不兼擅其长，而元和顾君涧蘋尤魁杰者也。”[①]

其中卢文弨、顾千里二人尤称专精。他们几乎把毕生精力都倾注于朱墨点勘之中，对古籍作了大量正误工作，为后学提供了可靠资料。

卢文弨（1717—1795），字召弓，号矶渔，因自题书室名“抱经”，所以学者称他为“抱经先生”。他学识渊博，喜欢藏书，尤好校书，用力甚勤，从天不亮直到深夜都在进行“翻阅点勘，朱墨并作”的工作。他博采异本，广听意见，精心校录，用一生大部分精力，完成《群书拾补》三十九卷。这部书是对《魏书》《宋史》《金史》《新唐书》《新书》《新论》等书的脱漏部分，加以校正、补佚而成的一部汇篇。他参照唐人陆德明《经典释文》的体例，选择各书版本缺文断简、漏误较多者，摘字注释，加以校正或补佚，并附校语。为后人免读误书提供了方便。他的成就在当时已博得了学者们的推重。钱大昕在为《群书拾补》所写的序文中说：

“学士卢抱经先生，精研经训，博极群书。自通籍以至归田，铅椠未尝一日去手。奉廪修脯之余，悉以购书。遇有秘钞

① 清李兆洛：《涧蘋顾君墓志铭》（见《养一斋文集》卷十一）。

精校之本，辄宛转借录。家藏图籍数万卷，皆手自校勘，精审无误。凡所校定，必参稽善本，证以它书，即友朋后进之片言，亦择善而从之，洵有合于颜黄门所称者。自宋次道、刘原父、贡父、楼大防诸公皆莫能及也。”①

严元照在《书卢抱经先生札记后》一文中也论及他的校勘工作说：

“（卢文弨）喜校书。自经传子史，下逮说部诗文集。凡经披览，无不丹黄，即无别本可勘同异，必为之定字画然后快。”②

另一个校勘名家顾千里（1766—1835）名广圻，号涧薲，自号思适居士。他没有卢文弨那样的地位，工作条件较差。他所进行的校勘工作往往是受雇于人，如代阮元纂《十三经注疏校勘记》，后又相继代胡克家、孙星衍、方维甸、继昌等人校书。他在校勘学上有极高的造诣。余嘉锡先生曾经总结了他的校勘方法说：

“每校一书，先衡之以本书之词例，次征之于他书所引用，复决之以考据之是非。一事也，数书同见，此书误，参之

---

① 清钱大昕：《卢氏群书拾补序》（见《潜研堂文集》卷二五）。

② 清严元照：《悔庵学文》。

他书，而得其不误者焉。一语也，各家并用，此篇误，参之他篇，而得其不误者焉。文字、音韵、训诂则求之于经。典章、官制、地理则考之于史。于是近刻本之误，宋元刊本之误以及从来传写本之误，罔不轩豁呈露，了然于心目，跃然于纸上。然后胪举义证，杀青缮写，定则定矣。”①

他生平校书甚多，晚清学者李详曾记其大略说：

“宋于庭《铁琴铜剑楼书目·序》称顾涧薲为人校刻之书，举鄱阳胡氏《文选》《资治通鉴》，阳城张氏《礼记郑注》，阳湖孙氏《说文解字》《唐律疏义》，全椒吴氏《韩非子》，最后吴门汪氏《单疏仪礼》。据李申耆先生顾君墓志知于庭所举尚有遗，如张氏之《盐铁论》，孙氏之《古文苑》，吴氏之《晏子》，秦氏之《扬子法言》《骆宾王集》《吕衡州集》，宋俱失载。又据《思适斋集》，如《列女传》《焦氏易林》《抱朴子·内篇》《华阳国志》《李元宾集》《黄帝本行经》《轩辕黄帝传》《宋名臣言行录》、吴元恭本《尔雅》，皆为涧薲校刊。合之宋、李所言，涧薲校行之书亦大略可睹矣。”②

---

① 余嘉锡：《黄顾遗书序》（见《余嘉锡论学杂著》）。

② 李详：《媿生丛录》卷二，又清钱泰吉：《曝书杂记》下，清陈康祺：《郎潜纪闻》卷八也记此事。

顾千里不具备卢文弨那样优越的物质条件，但他仍能艰苦卓绝地孜孜于校勘事业，取得了与卢文弨后先辉映的成就，确是来之不易，也就无怪引起后来国内外学者对他的钦敬。他的年谱即出于日本学者神田喜一郎之手，并在谱中赞誉他是“清代校勘学第一人”①。中国近代维新思想家冯桂芬在为《思适斋文集》写序时更盛加推崇说：

“元和顾涧蘋先生潜心经学，博览群书。自先秦以来，九流百家之书无所不读。时朝廷开四库馆，征海内遗书，以是古籍之出尤多。先生名既重海内，藏书家得异本必就先生相质。先生记识、精力绝人，所见益广，辄为之博综群本异同，折衷一是，尤不肯轻改，务存其真，遂以善校雠名。书经先生付刊者，艺林辄宝之，先后积三十余种，校成未及刊者尚半。其多且勤如此，则又百余年间，未有之学而创之先生。又于惠先生诸人后别开户牖者也。”②

像这样以校勘为专业的学者，清代为数不少，如撰著《简庄缀文》和《经籍跋文》等校勘学专著的陈鳣就是一生从事钩沉索隐，勘定窜乱，系以跋文，疏其异同的校勘专家；撰

① 日本神田喜一郎：《顾千里年谱》。
② 清冯桂芬：《思适斋文集·序》（见《显志堂稿》卷二）。

著《曝书杂记》的钱泰吉也是一生以校勘为事的专家。

这种校勘风气直到晚清依然受到许多人的重视，如光绪时许增刻《唐文粹》时所定《凡例》中就以校勘作为刊书条例之一，提出了反对沿袭错误的求古风气，主张改正误失的求是精神。《凡例》中记称：

“校雠之学二涂：一是求古，一是求是。求古者取宋元旧本，一一复写，期于毫发无遗，并旧本显然谬误及俗书国圣之类，亦必沿袭以存其真。求是者，寻求原本，搜采群籍，舍短从长，拾遗补阙，以正未刻之前写官之误，既刻之后椠工之失，求心所安，以公同好。今刻此本，略依求是之例，知不免为求古者所讥。”

从清初到清末校勘学的工作进展来看，确是在学术上作出了一定的贡献，所以清末经学家皮锡瑞在总结经学发展历史时曾提出清代对经学发展有三项贡献——就是辑佚书、精校勘和通小学。同时又概括了清代的校勘学成就说：

“校勘之学，始于《颜氏家训》《匡谬正俗》等书。至宋有三刘、宋祁之校史，宋元说部，间存校订，然未极精审，说经亦非颛门。国朝多以此名家，戴震、卢文弨、丁杰、顾广圻尤精此学。阮元《十三经校勘记》为经学之渊海，余亦间见诸家丛书，刊误订讹具析疑滞，有功后学者，又其一。”①

另一位经学家孙诒让也曾总括过清代校勘学的成就说：

“综论厥善，大氐以旧刊精校为据依，而究其微指，通其大例，精思博考，不参成见。其諟正文字讹舛，或求之于本书，或旁证之它籍及援引之类书，而以声类通转为之钤键，故能发疑正读，奄若合符。……”②

如上所述，清代校勘学在改正前人谬误，订定佳本古籍，为读书治学提供便利等方面是有值得肯定的一面；但是，也有一些穿凿附会，好新求异，凭主观臆断，滥改古书的弊病。正如孙诒让所说：

“及其蔽也，则或穿穴形声，捃摭新异，冯臆改易，以是为非。”③

如果取其利防其弊，校勘方法还是有可采用之处。解放后的整理古籍工作，多能去粗取精，对新版古籍基本上进行了校勘，有的还附录校勘记，为读书与治学扫清了许多窒碍。中华书局的标点本二十四史便是一例。

---

① 清皮锡瑞：《经学历史·经学复盛时代》。

② 清孙诒让：《札迻·序》（见《籀高述林》卷五）。

③ 同上。

三、校勘学的作用

校勘学素为历来学者所重视：

北齐的颜之推，是当时在音韵、训诂、校勘等方面都具有专长的著名学者。他从自己的实践中认识到校勘工作的不容易，所以，特在《家训》中谈到此事说：

“校定书籍亦何容易，自扬雄、刘向方称此职尔。观天下书未遍，不得妄下雌黄。或彼以为非，此以为是；或本同末异；或两文皆见，不可偏信一隅也。”①

朱彝尊是清初的著名学者，有很多著作。他对所刻各书都亲自反复校勘。叶德辉的《书林清话》曾记述朱彝尊的刻书遗闻说：

“竹垞凡刻书，写样本亲自校两遍，刻后校三遍。其《明诗综》刻于晚年，刻后自校两遍，精神不贯，乃分于各家书房中，或师或弟子，每校出一讹字者，送百钱，然终不免有讹字。”②

朱彝尊的重视校勘可见，而校勘之难也可见。

---

① 北齐颜之推：《颜氏家训》卷三《书证》。

② 叶德辉：《书林清话》卷十《朱竹垞刻书遗闻》条引《鸡窗丛话》。

乾嘉时期的钱大昕、王鸣盛等学者也都极重视校勘对读书与治学的重要意义。如王鸣盛在《十七史商榷》的自序中就说：

“尝谓好著书不如多读书，欲读书必先精校书，校之未精而遽读，恐读亦多误矣。”“既校始读，亦随读随校。”

著名的藏书家孙从添从藏书要求出发，把校勘问题作为藏书的重要环节，并提出比较完整的校勘方法。他说：

“古人每校一书，先须细心䌷绎。自始至终，改正字谬错误，校雠三四次，乃为尽善。至于宋刻本，校正字句虽少，而改字不可遽改。书上元版亦然。须将改正字句，写在白纸条上，薄浆浮签贴本行上，以其书之贵重也。……若明版坊本、新钞本，错误遗漏最多，须觅宋元旧钞本，校正过底本，或收藏家秘本，细细雠勘，反复校过，连行款俱要照式改正，方为善本。若古书有不可考校，无从改正者，亦当多方请求博学君子，善于讲求古帖之士，又须寻觅旧碑版文字，访求藏书家秘本，自能改正。然而校书非数名士相好，聚于名园读书处，讲究讨论，寻绎旧文，方可有成，否则终有不到之处。所以书籍不论钞刻好歹，凡有校过之书，皆为至宝。至于字画之误，必要请教明于文学音韵者，辨明字画音释，方能无误。”[①]

近代学者对于校勘之学也给予一定的重视，如陈垣先生就说过：

“校勘为读史先务，日读误书而不知，未为善学也。”[②]

学者们既如此重视校勘学，那么，它究竟有些什么作用呢？具体说来，大致有这几点：

（一）校勘可以正事实：有些文献记载的事实或者谬误，或者不清，通过校勘就可以得到正确或接近正确的内容。如《后汉书·郑玄传》载玄的《戒子书》中有二句话：

“吾家旧贫，不为父母昆弟所容。”

这两句话从字面看不出有什么错谬，文义也能疏解；但是，郑玄是东汉末年有“敦品励学”之名的学者，何至于闹到“不为父母昆弟所容”的地步呢？更何况写入《戒子》书，载入史册，似乎也不甚恰当。历来对此多有怀疑，可是缺乏比勘材料。直到清乾隆六十年阮元任山东学政时，曾赴高密郑玄故乡祠墓，在积沙中发现了金代重刻的唐史承节所撰碑文，始从碑文所引的《戒子书》中知道原来没有这个“不”字，于是

① 孙从添：《藏书纪要》（《士礼居丛书》中）。
② 陈垣：《通鉴胡注表微·校勘篇》。

疑案大明。后来，陈鳣从黄丕烈处得到元刊本《后汉书》果然没有“不”字。如果早能得到好的刊本进行校勘，也就不致有这一事实的乖谬。[①]

又通过校勘还可取得史事的旁证，如清人吴光酉所编《陆稼书先生年谱定本》的雍正刊本阙文数处，以与它本相校，发现这些缺文均与吕留良之事有关，乃因文网周密而削去。阙文不补，正以见刊者的深意，而清代文字狱之酷也于此可得佐证。

（二）校勘可以通文字：古文献中往往由于辗转传抄假借互用，词意曲折而发生晦滞难通，如经比勘则谬误立显，词义立明而文义自能豁然贯通。清季学者孙诒让曾自述他的切身体会说：

“每得一佳本，晨夕目诵，遇有钩棘难通者，疑牾紊积，辄郁轖不怡，或穹思博讨，不见端倪，偶涉它编，乃获确证，旷然昭寤，宿疑冰释，则又欣然独笑，若陟穷山，榛莽霾塞，忽覯微径，遂达康庄。”[②]

宋代学者洪迈曾举出过两个例子说明由于通过校勘而改正

① 清阮元：《小沧浪笔谈》卷四、《揅经室二集》卷七，清陈鳣：《简庄缀文》卷上，钱泰吉：《曝书杂记》卷上。

② 清孙诒让：《札迻·序》（见《籀高述林》卷五）。

了错谬，疏通了文字，他说：

“周益公以《苏魏公集》付太平州镂版，亦先为勘校。其所作《东山长老语录序》云：‘侧定政宗，无用所以为用；因蹄得兔，忘言而后可言。’以上一句不明白，又与下不对，折简来问。予忆《庄子》曰：‘地非不广且大也。人之所用容足尔，然而厕足而垫之致黄泉，知无用而后可以言用矣。’始验‘侧定政宗’当是‘厕足致泉’，正与下文相应，四字皆误也。因记曾纮所书陶渊明《读山海经》诗云：‘形夭无千岁，猛志固常在。’疑上下文义若不贯，遂取《山海经》参校，则云：‘刑天，兽名也，口中好衔干戚而舞。’乃知是‘刑天舞干戚’，故与下句相应。五字皆讹。”[①]

清代学者王念孙在所著《读书杂志》卷二中也提到由于校勘而改正《史记·项羽本纪》中的“毋从俱死”为“毋徒俱死”。

其他利用校勘来解决词义的疑难，假借字义，文字词性以及省略成分的例子在古籍校读中随时都可遇到。

（三）校勘可以惠后学：书有讹误，读时会感到窒碍，以致有“书不校勘，不如不读”的感叹。因此，有些从事校勘的

① 宋洪迈：《容斋四笔》卷二《抄传文书之误》。

学者也多以嘉惠后学为己任，如王鸣盛就曾说：

“夫以予任其劳，而使后人受其逸；予居其难，而使后人乐其易。”①

朱一新在答别人质疑时也谈及此事说：

“大抵为此学者于己甚劳，而为人则甚忠；竭毕生之精力，皆以供后人之提携，为惠大矣。”②

而且，这也使书由误本而成善本，其功甚大，所以清代校勘学家卢文弨在这方面的工作就受到人们的赞扬说：

“他人读书受书之益，子读书则书受子之益。”③

书如果不加校勘，那就会得到相反的效果，所谓“知某书宜读而不得精校精注本，事倍功半”④。即以《资治通鉴》而论，是一部学习文史者所必读的典籍，但通行本中颇有衍脱，清人进行校勘者甚多。近人章钰对此书进行了一项总结性的校勘工作，他利用宋本九种、明本一种和其他一些校本，逐字比勘，细心雠校，结果校勘出脱落、讹误、多余、颠倒的文字在万字以上，其中仅脱文一项即达五千二百余

---

① 清王鸣盛：《十七史商榷·自序》。

② 清朱一新：《无邪堂答问》卷二。

③ 清俞樾：《札迻·序》。

④ 清张之洞：《书目答问·略例》。

字，又写出校记七千余条，著成《胡刻通鉴正文校宋记》三十卷和附录三卷，给后人读《通鉴》正文以极大的便利。书前有一篇《述略》详述校勘经过及条例，很可作校勘学的读物。

（四）校勘学丰富了目录学的内容：校勘工作和校勘学的研究成果使目录书和目录学的研究扩大了领域，充实了内容。有的目录书在编制过程中可以根据校勘成果著录图书是否佳本精刻，有无缺漏讹误，给求书者提供了可靠的依据。有的目录学著作往往运用校勘方法发现和纠正前人著作的谬误，顾千里的《仪顾堂题跋》和余嘉锡先生的《四库提要辨证》等著作中都有这样的实例。如《东都事略》的作者，自《四库全书总目》误信明人刻本作王偁而以原来的王称为伪后，于是一切官私著述及刻书者，均沿其误，改“称”作“偁”，余嘉锡先生以自己丰富的目录学素养运用别人校勘成果而纠正了提要“以作称者为伪改”之误，使该书的作者项目在目录书上得到了准确的著录。[①]

四、校勘学的内容和校勘方法

校勘学的内容，概括地说，就是勘同异、定是非。梁启超

---

① 余嘉锡：《四库提要辨证》卷五《东都事略》条。

曾对此作过解释，他说：

“或是正其文字，或厘定其句读，或疏证其义例。”①

这一解释似乎包括了勘同异与定是非，但必须明确：所谓定是非是定二种之是非，也就是段玉裁所说的定底本之是非和定立说之是非。定立说之是非，必须先定底本之是非，而定底本之是非，必须先勘众本之异同。所以，最初一步就是勘同异。

勘同异就是勘定底本的讹、夺、衍、阙、错简，即所谓“整齐脱误，是正文字”②。那么，根据什么来勘同异呢？钱大昕曾总结过卢文弨的根据材料说：

“凡所校定，必参稽善本，证以它书，即友朋后进之片言亦择善而从之。”③

这一段话说明卢文弨校书有三种根据即：善本、他书与他人意见。所谓善本指祖本及佳本精刻；所谓他书指可资比勘的其他典籍。王鸣盛曾详尽地自述他校勘时所据的他书材料说：

“购借善本，再三雠勘。又搜罗偏霸杂史、稗官野乘、山经地志、谱牒簿录，以暨诸子百家、小说笔记、诗文别集、释

① 梁启超：《清代学术概论》十六。

②《后汉书》卷五《安帝纪》。

③ 清钱大昕：《卢氏群书拾补序》（《潜研堂文集》卷二五）。

老异教，旁及于钟鼎尊彝之款识、山林冢墓祠庙伽兰碑碣断阙之文，尽取之以供佐证。”[①]

王氏所说的这些它书涉及面颇广，从文献图书以至金石碑版，几乎无一不可借资。此点固未可厚非，因涉及面越广则误差越小。但有一点必须指出，即清人校勘好引类书，往往发生一些流弊。清季朱一新曾揭其事说：

“王文肃、文简治经亦然，其精审无匹，视卢召弓辈亦远胜之。顾往往据类书以改本书，则通人之蔽，若《北堂书钞》《太平御览》之类，世无善本。又其书初非为经训而作，事出众手，其来历已不可恃，而以改数千年诸儒断断考定之本，不亦傎乎？”[②]

近人刘文典更详阐其说称：

“清代诸师，校勘古籍，多好取证类书，高邮王氏尤甚，然类书引文，实不可尽恃。往往有数书所引文句相同，犹未可据以订正者。盖最初一书有误，后代诸书亦随之而误也。如宋之《太平御览》，实以前代《修文御览》、《艺文类聚》、《文思博要》诸书，参详条次，修纂而成。其引用书

① 清王鸣盛：《十七史商榷·自序》。
② 清朱一新：《无邪堂答问》卷二。

名，特因前代类书之旧，非宋初尚有其书，陈振孙言之详矣。若《四民月令》一书，唐人避太宗讳，改民为人，《御览》亦竟仍而不改。书名如此，引文可知。故虽隋唐宋诸类书引文并用者亦未可尽恃，讲校勘者，不可不察也。”①

另外，必须经常注意新的出土文献，扩大用作校勘的它书资料，如长沙马王堆汉墓出土的帛书《老子》甲乙本和其他一些图书文献，其篇次、文字与今本多有不同，大可供作校勘之资。

校勘的内容与所据材料大致如此，然则校勘方法究竟如何？前人由于学识、经验有所不同而做法也有所不同。如清人吴承志曾提出校书五例，即：

“有可据善本校改者，有可据古本校刊者，有可据注文校改者，有可据本书校改者，有可据文义校改者。”②

近人蒋元卿曾概括清代学者的校勘方法为四点：

（一）用两本对照，或据前人征引，记其异同，择善而从。

（二）根据本书或他书之旁证、反证，校正文句原始之

---

① 刘文典：《三余札记》卷一。

② 清吴承志：《校〈管子〉书后》（见《逊斋文集》卷六）。

讹误。

（三）根据发现著书人之原体例刊正全部通有之讹误。

（四）根据别的材料校正原著之错漏。[①]

陈垣先生在清代校勘学的基础上，以自己长期校勘实践的经验，对校勘方法又有所发展。他在所著《校勘学释例》中明确规定了校法四例。这四种校勘方法就是：

（一）对校法：用同书的祖本或别本对读，遇不同之处，就加注于其旁。刘向别录所谓“一人持本，一人读书，若怨家相对”。就是对校法。此法最简便、最稳当，纯属机械法。其主旨在校异同，不校是非，所以它的短处在不负责任，因为即使祖本或别本有讹，也照式录之；而它的长处则在不参已见。得此校本可知祖本或别本的本来面目。所以凡校一书，必须先用对校法，然后再用其他校法。

有的书非对校不知其误者，因从文义表面上看无误可疑。有的知道是一误处，但不用对校就无从知道是什么误处。

（二）本校法：本校法是用本书前后互证而抉摘其异同，从而了解其中的谬误。吴缜之《新唐书纠谬》、汪辉祖之《元史本证》就用此法。此法于未得祖本或别本以前最宜用

① 蒋元卿：《校雠学史》。

它。陈垣先生在校补《元典章》时就以纲目校目录，以目录校书，以书校表，以正集校新集，得其节目讹误者若干条。至于字句之间，就循览上下文义，近而数叶，远而数卷，属词比事，牴牾自见，不必完全依据异本，不过，这种校法往往只能提出问题而不能决定正误。

（三）他校法：他校法是用他书校本书。凡此书有采自前人者，可以前人之书校之，有为后人所引用者，可以后人之书校之。此等校法，范围较广，用力较劳，而有时又非此不能证明它的讹误。丁国钧之《晋书校文》、岑刻之《旧唐书校刻记》（岑建功刻，陈立、刘文淇、刘毓崧、罗士林合校），都利用此法。近人赵万里氏曾提出运用此法以唐写本《说苑·反质篇》残卷与《晏子春秋·杂篇》《汉书·杨王孙传》和《孔子家语·观周篇》等相校，“一定可以有不少收获”①。

也有在已获得善本后，再用他校法而取得成效的，如戴震从《永乐大典》中得到扬雄《方言》的善本后，又“广搜群籍之引用《方言》及注者，交互参订”，结果“改正讹字二百八十一，补脱字二十七，删衍字十七”②，完成了《方言

① 赵斐云：《唐写本说苑反质篇读后记》（《文物》1961年第3期）。
② 清戴震：《方言疏证·序》（见《戴东原集》卷十）。

疏证》的著作。

（四）理校法：段玉裁说："校书之难，非照本改字不讹不漏之难，定其是非之难。"这就是所谓理校法。遇到无古本可据，或数本互异，而无所适从之时，就必须用此法。此法须通识为之，否则鲁莽灭裂，以不误为误，而纠纷愈甚。所以，最高妙者此法，最危险者亦此法。清人钱大昕读《后汉书·郭太传》中，"太至南州过袁奉高"一段，怀疑词句不伦，举出四证。后得闽嘉靖本，果然这七十四字是章怀注引谢承书之文，诸本皆搀入正文，惟闽本独不失其旧。今《廿二史考异》中所谓某当作某者，以后得古本印证，往往相合。

陈氏校法四例，可以说已包括校勘的基本方法。目前，所能见到的一些经过校勘的各书也不外乎用此四法。

五、校勘工作需注意的几个问题

校勘工作既如上述，但在进程中尚需注意一些问题。我认为至少有以下四点值得注意：

（一）校勘以专材为佳：校勘绝不止是一种单纯的互相比勘的技术性工作。它与专业知识有着密切的关联。专才发现问题比较敏锐，校正讹误比较正确。专才校勘是我国校书工作中的优良传统。西汉末年刘向领导的我国第一次大规模的校书工作便创用此法。《汉志·序》明言其事说：

“诏光禄大夫刘向校经传、诸子、诗赋；步兵校尉任宏校兵书；太史令尹咸校数术；侍医李柱国校方技。”

正由于这种专材校书方法有效，所以第一次校书工作获得了成绩，为后世开创了规模。

宋代校书时，秘书监王钦若曾奏请任用道士陈景元校黄本道书，遭到了范祖禹的反对。范祖禹的理由是：

“今馆阁之书，下至稗官小说，无所不有。即使景元校道书，则他日僧校释书、医官校医书、阴阳卜相之人校技术，其余各委本色，皆可用此例，岂祖宗设馆之意哉！遂罢景元。”①

范祖禹的反对理由正是应该这样做的道理，也正是刘向已经实行过的办法。范祖禹可能意识到自己的这些理由不足以服人，所以只能拿所谓祖宗成例来压人。事实上，王钦若的专才校书建议除了有失封建体统外，利多弊少。当然，说专才校书并不排斥非专才校书，而只在说明如非专才就应力求充实专业知识，方能有利于推进和顺利完成这一领域图籍的校勘工作。清人所谓的“随读随校”正是指在读专业书过程中，随着专业

---

① 宋韩淲：《涧泉日记》。

知识的增长，就易于发现问题，随着也就能有所校正。这正是益人益书两利之事。

（二）校勘切不可乱改：这是校勘工作中最重要的一条戒律。凡遇有疑讹，最好存其同异，缺字也不可妄补，旁注更不要混入正文。如果轻易乱改，其结果必如清人李兆洛所说那样：

“有校者荒陋不知守阙如之戒，妄缘疑而致误，至剜肉而成疮，至有谬称皇考，妄易银根者。本初不误，校乃至误，此自书有刊本，轻有雌黄。倘经三刻，而古人之真书失矣。”①

李兆洛所提“妄易银根者”之例，是指唐韩愈的儿子韩昶的故事，据宋人黄朝英《靖康缃素杂记》中记称：

“昶尝为集贤校理，史传中有说金根处，皆臆断之。曰：岂其误欤？必金银车也，悉改根字为银字。”

这是荒陋妄改的典型例子，因为在《后汉书·舆服志》上明明写着：

“金根：车名。殷名乘根，秦改曰金根。”

韩昶寡见陋识，而妄逞臆说，乱改古书，以致造成这种贻笑后世的谬误。

---

① 清李兆洛：《涧蕢顾君墓志铭》（见《养一斋文集》卷十一）。

校勘不妄改是从正式开展这项工作时就建立起来的一个传统。东汉郑玄比勘文字异同时，遇到明显误字，只注明“某当为某”，不轻以己意妄改原文。宋朝《文苑英华辨证》的作者彭叔夏在自序中用切身的体验来说明以意妄改的危险说：

“叔夏年十二三，手钞太祖皇帝实录。其间云：‘兴衰治□之源’，阙一字。意谓必是‘治乱’。后得善本，乃作‘治忽’。三折肱为良医，信知书不可以轻改。”

清人刘文淇校《宋元镇江志》时，一依彭法的校书三条原则。他在《校勘记序》中说：

“昔宋彭叔夏作《文苑英华辨证》，其体例大约有三：实属承讹，在所当改；别有依据，不可妄改；义可两存，不必遽改。兹编所校，略仿其例。”①

这是一种非常审慎的态度。

好乱改书，莫过于明人，顾炎武极讥其弊，在他所著的《日知录》卷十八有《改书》一条说：

“万历间，人多好改窜古书。人心之邪，风气之变，自此而始。且如骆宾王为徐敬业讨武后檄，本出《旧唐书》，其曰伪临朝武氏者，敬业起兵在光宅元年九月，武氏但临朝而未革

① 清刘文淇：《青溪旧屋文集》卷五。

命也。近刻古文改作伪周武氏。不察檄中所云包藏祸心，睥睨神器，乃是未篡之时，故有是言。越六年，天授元年九月始改国号曰周。其时，废中宗为庐陵王而立相王为皇帝，故曰：君之爱子，幽之于别宫也。不知其人，不论其世，而辄改其文，谬种流传，至今未已。……”

用六年以后的国号加于六年以前所发的檄文，又与内容牴牾，实在可笑而且误人。清代学者对此类事颇加抨击。著名学者王念孙说：

“学者读古人书而不能正其传写之误；又取不误之文而妄改之，岂非古书之大不幸乎？”①

王鸣盛在《十七史商榷》中曾以《三国志·丁奉传》多被误改为例而感叹说：

“古书传钞镂刻，脱误既多，又每为无学识者改坏，一开卷辄叹千古少能读书人。”②

阮元在江西巡抚任所校刻《十三经注疏》时，曾严格规定：

“凡有明知宋版之误字而亦不使轻改，但加圈于误字之旁

① 清王念孙：《读淮南子杂志序》。
② 清王鸣盛：《十七史商榷》卷四二《黎斐》。

而别撰校勘记，择其说附载于每卷之末。”[①]

后世的校勘记，似即承用此法。

由于学者们力主不妄改，改书之风见杀，但并未能绝迹。校勘名家卢文弨素主不妄改、不妄增，而丹铅之际，好援他书以改本书，所以严元照诋其《仪礼详校》，顾广圻讥其《释文考证》。顾千里生平颇以“不校校之”自勖，力攻“据其所知，改所不知”的弊病，而犹不免乱改致误，几乎打倒了一个历史人物，陈垣先生曾发其复。

胡刻《通鉴》卷二六二唐昭宗天复元年，记韩偓曾建议昭宗要“重厚公正”，而勿“琐细机巧”，昭宗以为然，并说：“此事终以属卿”。

胡三省注称：

“呜呼！世固有能知之言之，而不能究于行者，韩偓其人也。”

据此，则身之于韩偓，大有贬词，似偓之言行不符。殊不知此注乃经顾千里所妄改，此“而不能”乃误改元本“而不行”，其句读也误读，致使一字之易，韩偓几蒙沉冤。陈垣先

① 清阮元：《江西校刊宋本十三经注疏书后》（见《揅经室三集》卷二）。

生于《胡注通鉴表微》中彻底揭示顾氏乱改之误，为韩偓辨明，其事深足引以为戒，特录陈先生所言如次：

“据此注是身之有憾于韩偓。此鄱阳胡氏复刻元本臆改注文之误也。王深宁晚岁自撰志铭曰：‘其仕其止，如偓如图’，图则司空图，偓即韩偓。吾始疑深宁与身之同境遇，深宁以偓自况，而身之对偓独有微词，苦思不得其旨，固不疑注之被妄改也。偶阅丰城熊氏校记云：元本，‘而不能’作‘而不行’，行字句绝，校者误连下读，故臆改行字为能，而不知其义大反矣。胡注岂詈偓，偓岂有可詈哉！如此校书真是粗心浮气云云。乃恍然注之被改，而非身之果有憾于偓也。鄱阳胡氏复刻通鉴，主其事者为顾千里，著名之校勘学者也，而纰缪若此。夫无心之失，人所不免。惟此则有心校改，以不误为误，而与原旨大相背驰。熊氏诋之，不亦宜乎？且陈仁锡评本不误，而复刻元本乃误。不睹元本，岂不以陈本为误耶？顾氏讥身之望文生义，不知身之望文生义，只著其说于注中，未尝妄改原文也。顾君复刻古籍，乃任意将原文臆改，以误后学，何耶？事关尚论古人，不弟校勘而已，故不惜详为之辨。”

由此可见，校勘妄改，贻误至深，不仅一字一句的出入，甚者累及尚论人物，所以校勘时，何得不慎重将事呢？

（三）校勘当具备古籍知识：校勘工作涉及甚广，凡与古籍有关知识均宜具备，方可求精求是。这里仅略举数端为例：

（1）识文字：校勘必先解字义，戴震以识字为校勘首务，即缘此理，因为字意既有相假相通，字体也有本字衍派，如解此意，就有助于校勘，如通行本《汉书·高祖纪》有句说：

“岁竟，此两家常折券弃责。”

闽本、南监本、官本，“责”均作“负”，而知道古无债字，责即后来债的本字，那么此“责”字固不必依别本改作“负”，若再核之北宋景祐本则此字本作“责”，并非误字，别本不识字义，作“负”。

校勘还要考虑字的繁简关系。如《通鉴》卷一五七记称：

“梁武帝大同元年东魏太州刺史韩轨。”

胡注据《梁书·韩轨传》作秦州刺史。又据《魏书·地理志》东魏有秦州，判定此太州刺史当作秦州刺史。其致误之由，皆因繁简变化，始由秦讹泰，而泰复简为太。

校勘尚需考虑上下文意，如《庄子·养生主》有“目无全牛”语，别本有作“目无生牛”者。刘文典的《庄子补证》就据此改“全”为“生”若结合上下文意，“全”比“生”更能达意，则不宜贸然据别本而改，因别本也可能有误。

（2）明版本：校勘的最初步骤就是广征异本，然后才能比勘异同，而在定是非时又必须求善本为依归。因此对于一书有若干本，何善何恶，何精何陋，都应该在事先了然手心，方免徒劳。

（3）通目录：校勘不仅同书异本比勘，还要用它书互证，因此必须知道在这书前有哪些书是这书的依据或与这书有关；与这书同时又有哪些书与这书有牵连；在这书以后又有哪些书可能征引到这书。因此必须求助目录书以博征群书，如此校勘，方能更臻细密谨严。

（4）晓体例：古籍自有著述或刊刻体例，后人有归纳众例而得其体例者，是固有是例，误也有误例，如能掌握这种体例，就可执简驭繁，以一察万。如沈刻《元典章》刊刻错简之例有三，即单错、互错、衍漏错。所谓单错指本处有阙文，错简在他处；所谓互错指本处有阙文，错简在他处，他处也有阙文，错简在本处，即彼此互错；所谓衍漏错指本处有阙文而重出他处之文于此，又衍又漏。[①] 又如旁注衍入正文例，罗振玉在校古写本《史记》残卷时曾有一例说：

“（古写本）郦生传：王者以民为天，而民以食为天；今本民作民人。盖唐人避太宗讳，于民旁著人，后人遂将民人字

---

① 陈垣：《校勘学释例》卷一。

两存之，致衍人字。”[①]

又如正文讹为小注例，大抵因刻版已成，发现脱漏，不得不挖补正文改成双行，乃成小注。有的校勘家通过自己的实践总结出一些体例，如刘毓崧一生勤于校勘，所著《通义堂文集》中的校勘序跋都颇精到。他通过校勘《船山丛书》总结了四条误例，即旧刻本有臆改之误，新抄本有传写之误，原本有检阅之误，作者有记忆之误，[②]对他人校勘时就很有裨助。这些都是有关刊刻的体例。至于著述体例尤为繁复，俞樾的《古书疑义举例》及其他人的续补多种，言之甚备，可供参读。如能心知其例，博涉深思，则校勘时较易发现讹误，正其纰缪。

其他有关古籍的知识尚多，要在随时体验积累，不能逐一细举。

（四）校勘当耐劳苦：校勘是非常繁杂枯燥的事。不同版本的比勘，需要逐字逐句相雠，不能有所忽略；旁征它书，又有翻检之劳；有时一书非经三四校，不能几于尽善。如果不能忍劳耐苦，往往会中途辍业。清人王鸣盛自述校书之苦是“目轮火曝，肩山石压”，其语虽近夸大，但确说明校勘工作的

---

① 罗振玉：《古写本史记残卷跋》（见《雪堂校刊群书叙录》下册）。

② 清刘毓崧：《王氏船山丛书校勘记自序》（见《通义堂文集》卷八）。

艰苦。

总之，校勘虽对读书与治学有重要裨助，但它终究是一种正文字、定是非的手段，是为学术研究作准备，提供方便条件，而并非学问的极致。如果为定一字之是非，穷搜万卷，流连忘返而遗著述的大旨，则不足为法；如果以能正讹、脱、衍、漏一字而沾沾自喜，以为天下学问皆在此，则更等而下之。清季学者朱一新有见于此曾答问说：

“此（校勘）为读史之始事，史之大端不尽于此。以此（校勘）为登峰造极之事，遽欲傲宋元明儒者，则所见甚陋。”[①]

朱一新尚能有见于此，那么，我们对于过去校勘学的成就和校勘方法又怎能不以一种正确的批判态度，取其所长，为我所用，以利于学术研究呢？设能用之得当，取其成果，著于目录，则目录书内容与质量将有所充实与提高。

① 清朱一新：《无邪堂答问》卷二。

第四章　古典目录学的研究趋势

从创建目录学的西汉起，直到明清以来的近二千年的历程中，历来学者对此进行了不少的研究工作并取得了一定的成绩；但是这些研究工作与我国丰富的古典目录学遗产相衡量却还不完全适应，而需进一步的发展。我对这门学科原来所知有限，且又长期荒疏，提不出很完善的设想，只就管见所及，提出一些粗浅的个人看法，或可供参考。我以为这门学科的研究趋势似应从整理、研究、撰写和刊印四方面入手：

（1）整理目录学文献：文献资料是研究工作的必要依据。因此要开展好研究工作，首先要进行文献资料的基本建设。古典目录学除了专著成书可即类求书外，还有丰富的资料散在各书，如：正经、正史、类书、政书、诗文别集以至笔记杂著中都所在多有，则较难一索而得。如果能组织一定人力，以一定的时间从二十四史的有关纪传中辑出一套资料，再从宋元明清笔记杂著中辑出一套资料，分门别类，汇成《古典目录学资料类编》，则大有裨于学者。又如《书目答问》一书，在范氏《补正》外，不仅有江人度《书目答问笺补》（光绪刊本）、叶德辉《书目答问料补》（《江苏省立苏州图书馆馆刊》第三期），而海内还有很多批注本，如余嘉锡先生就有用四、五种颜色过录于书头的各家批校本。我曾经眼过天津藏书家刘明扬，目录学家邵次公、高熙曾等人的批注本，而在各图书馆所藏不知名的批注本则无法计算。若能汇聚诸家批注资料，再补入各古籍的后印版本，辑录有关评述，仿《增订四库简明目录标注》例，辑为《书目答问汇补》，则不仅对《书目答问》这有一定影响的书目作一总结，便利学者，也为日后纂集专科古籍目录《新经义考》《新史籍考》做初步的准备和探索。

又如文集杂著中的散见资料更亟待整理辑录。这项工作不妨分朝代进行，如先辑《清人文集中目录学论文汇编》，它与资料类编有所不同，因为清人文集中有许多是成篇谈目录学问题的，不是片断资料。如钱大昕《潜研堂文集》中的《经史子集之名何昉》、黄廷鉴《第六弦溪文钞》的《爱日精庐藏书志·序》、潘耒《遂初堂文集》的《请广秘府书籍以广文治疏》、刘毓崧《通义堂文集》的《黄氏书录·序》……还可以例举很多。许多论文中多评述源流，阐明见解，几乎都是足资参考的文献，如能尽数年之功，分册成书，不特是目录学研究之福音，亦不失为整理清人文集之一法。

（2）研究目录书和目录学家：过去对于古典目录学的著述和学者做了一些研究，但大多集中在汉、隋二志和《四库总目》等著名作品及向、歆父子、郑樵和章学诚等著名学者上。即使在这些方面也还有不少的研究余地。如《别录》《七略》的源流、体制、成书、辑本和评价都尚待总结。《隋志·序》是篇好作品，但也还有可订正诠释之处。《四库提要》经余先生所辩证者仅四百余篇，也还可续作《辩证》。此外如朱彝尊所撰《经义考》在国内外都有颇大影响，但一直没有进行全面研究评论，而明清以来大量的私家目录除了若干翻印时有些简短说明外，也缺乏深入综合的研究。

对目录学家的研究方面显得更为薄弱，如司马迁的《史记》中虽没有“艺文志”，但其《太史公自序》中的小序实是史籍一书目录之始，有目有录，言简意赅，很有研究和借鉴的价值，至散在全书的目录学资料尤比比皆是，今人金德建所写《司马迁所见书考叙论》对此进行爬梳整理，有筚路之功；但进而研究《史记》的目录学贡献及史公的目录学思想则尚有待，而三家注中所引《别录》资料也有可资参考者。牛弘是隋代大目录学家，其“五厄论”是论古代图书聚散的名篇，当时影响很大，对于这一学者就应研究。宋代两大目录学家晁公武、陈振孙所著《郡斋读书志》与《直斋书录解题》是学术界公认的私家目录双璧，但对晁、陈二人，除陈乐素所撰《直斋书录解题作者陈振孙》一文搜采颇备外，其他或相因，或短什，缺乏对这二位著名目录学家的全面评论。有些不甚知名的目录学家更没有很好的发掘和表彰。阮孝绪及其《七录》在目录学史上占了显著的一页，但对《七录》作出崇高牺牲的刘杳却淹没无闻。刘杳其人，阮孝绪《七录·序》末特表述其人其事说：

“通人平原刘杳从余游，因说其事（写《七录》事）。杳有志积久，未获操笔，闻余已先著鞭，欣然会意。凡所抄集，尽以相与，广其闻见，实有力焉。斯亦康成之于传释，尽归子慎之书也。”

这种“凡所抄集，尽以相与”，以助成别人著述的高尚格调，实使后之垄断资料，秘而不宣者赧颜。这样的学者即在叙及《七录》时都被抹煞，更谈不到去专门研究，而刘杳不仅具记于此，《梁书》《南史》都有专传，实在应该撰文表彰。

有的学者有著作也往往被忽视，如清代道咸同时期的山西耿文光，既是藏书家，又是目录家。我看到过他所著的《目录学》《苏溪渔隐读书谱》《万卷精华楼书目》，像这样的目录学家也可根据其著述进行研究。

又如叶德辉、罗振玉等人对目录学这一领域有一定贡献，但其政治立场上反动，应该如何既不讳其失德，又不以人废言地加以评述也是值得研究的课题。

（3）撰写新的古籍目录：撰写有关古典目录学的专著是一项很重要的工作，但需要资料基础，撰写岁月，而且这种工作比较受到重视，将会得到一定的安排与推动的。我认为目前应该大力提倡和拓展的领域是吸取古典目录书中的优点编制古籍目录。解放以来，这方面有一定的成绩，如《史记书录》《红楼梦叙录》《曲海总目提要补编》《浙江地方志考录》《中国边疆图籍录》等都就有关专科和专书写成参考性的提要目录。而由国家主持，动员全国专业力量纂辑的《中国善本书总目》工作的意义尤为重大，不仅是摸清底数的空前创举，也是向世界昭示中华文化的有力武器。另外，如重编的地方志联合目录也是有价值的目录。不过，这项工作仍然还有许多待举的方面，如专科目录的撰集就是应该着手的研究工作，清初朱彝尊的《经义考》至今还是受到很大的重视。难道不可以从中取法吗？乾嘉以来，章学诚等学者先后进行，陆续完成的《史籍考》，不幸稿毁于火，难道我们就不可以重纂吗？个人力量有限，一时聚集人力也有困难，那又为何不化整为零呢？我曾按照自己的设想，对清人年谱进行一次摸底，经眼检读八百余种、一千余卷而辑成《近三百年人物年谱知见录》六卷，如果有更多的人能分门别类撰辑这类专目，那么积以时日，奠定基础，日后只需统一条例，平衡编制便可用较短时日纂成《史籍考》（或名《史籍总目提要》）之类的巨著。这就如刘歆有《别录》可据，则《七略》便易于见功。如此，则先可得分类专目之用，终获部类总目之效。这实在是研究古典目录学值得拓展的园地。

还应该编纂一部古典目录书的目录。过去汪辟疆写过《汉魏六朝目录考略》，现在是否分人分段写《唐宋目录考略》和《明清目录考略》，最后即可合编《历代目录考略》，实际上便为古典目录书作一总结。

（4）刊印古典目录学书籍：近代以来，刊印工作在不断进行，道光时日人辑刊《八史经籍志》，光绪时海宁张寿荣即加翻刻。宣统二年罗振玉辑印的《玉简斋丛书》即收刊明清私家目录八种。1936年开明书店印行的《二十五史补编》中即收印了三十二种史志目录的补志，并且还把姚振宗的古典目录学专著集印为《快阁师石山房丛书》。其他书局坊间印本也所在多有。解放后，刊印工作有很大发展。史志目录和明清私家目录多种都已重印，《四库全书总目》和《增订四库简明目录标注》不仅重印，还增添了新内容，提供了新资料，有利于研究工作。在专著方面清周中孚的《郑堂读书记》、清叶昌炽的《藏书纪事诗》、叶德辉的《书林清话》、汪辟疆的《目录学研究》、姚名达的《中国目录学史》和余嘉锡先生的《目录学发微》《四库提要辨证》等书都得到重印，其他还有一些不再列举。但是，这种刊印工作还有可改进之处。其一，刊印古典目录学书籍应尽力做好加工，不仅要标点、说明，最好能有专论，附录有关资料，编制索引，有的更应加相当注释，以应实际需要。其二，有计划地重印一些传本比较难得而有价值的专书，有的可以独立成书，如姚振宗的《快阁师石山房丛书》已很难搜求，甘肃有一位同志研究姚振宗，通省搜求未得，这种书就应加工重印。

有的可把同性质类型的书，编印为《丛刊》，如编列《卢抱经先生年谱》《黄荛圃先生年谱》《校经叟自订年谱》《顾千里先生年谱》《臧在东先生年谱》《可读书斋校书谱》《苏溪渔隐读书谱》等为一《丛刊》则可提供清代版本目录学与校勘学的参考资料。其中如《可读书斋校书谱》就是钱泰吉二十七年的校书记录，很有价值。另外有些书目还有参考价值的如《万卷精华楼书目》等就可考虑刊印；其他可有选择加以刊印的一定还有不少，如汇聚一起编为《书目丛刊》，也很便于使用。

上述四点看法，只是想到写到，并不全面，也不成熟。希望借此而获得商榷与教正。

后记

这本书原是我在南开大学、天津师范学院等校历史系讲授《目录学》的纲要。现经修改出版，希望能得到同志们的批评和指正。

我对古典目录学没有深入的研究，书中除了约取余季豫师和其他一些学者的成说外；我的某些论述是极不成熟，而只是一般探讨和尝试，借作进一步研究的起点。

这本书的油印稿曾承顾廷龙、傅振伦、朱泽吉、卞孝萱、涂宗涛、施丁、仓修良、郑伟章诸先生在百忙中审读，提出宝贵的意见，使本书减少了一些错误。王颂余先生惠题书签。中华书局的傅璇琮、崔文印二先生对本书的编写、审定、出版都给予了莫大的鼓励与支持，付出了辛勤的劳动。我衷心感谢这些友好的帮助。

来新夏

一九八一年二月南开大学东村寄庐

国家新闻出版广电总局
首届向全国推荐中华优秀传统文化普及图书

‖大家小书书目

经典常谈	朱自清　著
语言与文化	罗常培　著
习坎庸言校正	罗　庸　著　杜志勇　校注
鸭池十讲（增订本）	罗　庸　著　杜志勇　编订
古代汉语常识	王　力　著
国学概论新编	谭正璧　编著
文言尺牍入门	谭正璧　著
日用交谊尺牍	谭正璧　著
敦煌学概论	姜亮夫　著
训诂简论	陆宗达　著
金石丛话	施蛰存　著
常识	周有光　著　叶　芳　编
文言津逮	张中行　著
中国字典史略	刘叶秋　著

古典目录学浅说	来新夏 著
闲谈写对联	白化文 著
怎样使用标点符号（增订本）	苏培成 著
诗境浅说	俞陛云 著
唐五代词境浅说	俞陛云 著
北宋词境浅说	俞陛云 著
南宋词境浅说	俞陛云 著
人间词话新注	王国维 著 滕咸惠 校注
苏辛词说	顾 随 著 陈 均 校
诗论	朱光潜 著
唐诗杂论	闻一多 著
诗词格律概要	王 力 著
唐宋词欣赏	夏承焘 著
槐屋古诗说	俞平伯 著
词学十讲	龙榆生 著
词曲概论	龙榆生 著
中国古典诗歌讲稿	浦江清 著 浦汉明 彭书麟 整理

唐人绝句启蒙	李霁野　著
唐宋词启蒙	李霁野　著
古典文学略述	王季思　著　王兆凯　编
古典戏曲略说	王季思　著　王兆凯　编
唐宋词概说	吴世昌　著
宋词赏析	沈祖棻　著
道教徒的诗人李白及其痛苦	李长之　著
闲坐说诗经	金性尧　著
陶渊明批评	萧望卿　著
舒芜说诗	舒　芜　著
名篇词例选说	叶嘉莹　著
唐诗纵横谈	周勋初　著
楚辞讲座	汤炳正　著 汤序波　汤文瑞　整理
好诗不厌百回读	袁行霈　著
山水有清音 ——古代山水田园诗鉴要	葛晓音　著

门外文谈	鲁　迅　著
我的杂学	周作人　著　张丽华　编
论雅俗共赏	朱自清　著
文学概论讲义	老　舍　著
中国文学史导论	罗　庸　著　杜志勇　辑校
给少男少女	李霁野　著
鲁迅批判	李长之　著
英美现代诗谈	王佐良　著　董伯韬　编
三国谈心录	金性尧　著
夜阑话韩柳	金性尧　著
英语学习	李赋宁　著
漫谈西方文学	李赋宁　著
历代笔记概述	刘叶秋　著
笔祸史谈丛	黄　裳　著
古典诗文述略	吴小如　著
有琴一张	资中筠　著
鲁迅作品细读	钱理群　著
唐宋八大家 ——古代散文的典范	葛晓音　选译

红楼梦考证	胡　适　著
《水浒传》与中国社会	萨孟武　著
《西游记》与中国古代政治	萨孟武　著
《红楼梦》与中国旧家庭	萨孟武　著
《金瓶梅》人物	孟　超　著　张光宇　绘
水泊梁山英雄谱	孟　超　著　张光宇　绘
《红楼梦》探源	吴世昌　著
《西游记》漫话	林　庚　著
细说红楼	周绍良　著
红楼小讲	周汝昌　著　周伦玲　整理
曹雪芹的故事	周汝昌　著　周伦玲　整理
古典小说漫稿	吴小如　著
三生石上旧精魂 ——中国古代小说与宗教	白化文　著
《金瓶梅》十二讲	宁宗一　著
古体小说论要	程毅中　著
近体小说论要	程毅中　著
文学的阅读	洪子诚　著
中国戏曲	么书仪　著

中国史学入门	顾颉刚 著	何启君 整理
秦汉的方士与儒生	顾颉刚 著	
三国史话	吕思勉 著	
史学要论	李大钊 著	
中国近代史	蒋廷黻 著	
民族与古代中国史	傅斯年 著	
五谷史话	万国鼎 著	徐定懿 编
民族文话	郑振铎 著	
史料与史学	翦伯赞 著	
唐代社会概略	黄现璠 著	
清史简述	郑天挺 著	
两汉社会生活概述	谢国桢 著	
中国文化与中国的兵	雷海宗 著	
两宋史纲	张荫麟 著	
明史简述	吴 晗 著	
北宋政治改革家王安石	邓广铭 著	
从紫禁城到故宫——营建、艺术、史事	单士元 著	
史学遗产六讲	白寿彝 著	

新建筑与流派	童　寯　著
论园	童　寯　著
拙匠随笔	梁思成　著　林　洙　编
中国建筑艺术	梁思成　著　林　洙　编
沈从文讲文物	沈从文　著　王　风　编
中国画的艺术	徐悲鸿　著　马小起　编
中国绘画史纲	傅抱石　著
中国舞蹈史话	常任侠　著
海上丝路与文化交流	常任侠　著
世界美术名作二十讲	傅　雷　著
中国画论体系及其批评	李长之　著
金石书画漫谈	启　功　著　赵仁珪　编
吞山怀谷 ——中国山水园林的艺术	汪菊渊　著
中国古代音乐与舞蹈	阴法鲁　著　刘玉才　编
梓翁说园	陈从周　著
旧戏新谈	黄　裳　著
民间年画十五讲	王树村　著　姜彦文　编
民间美术与民俗	王树村　著　姜彦文　编

长城史话	罗哲文　著
中国古园林概说	罗哲文　著
现代建筑奠基人	罗小未　著
世界桥梁趣谈	唐寰澄　著
如何欣赏一座桥	唐寰澄　著
桥梁的故事	唐寰澄　著
园林的意境	周维权　著
万方安和 ——皇家园林的故事	周维权　著
现代建筑的故事	吴焕加　著
中国古代建筑概说	傅熹年　著
国学救亡讲演录	章太炎　著　蒙　木　编
简易哲学纲要	蔡元培　著
大学教育	蔡元培　著 北大元培学院　编
老子、孔子、墨子及其学派	梁启超　著
中国政治思想史	吕思勉　著
天道与人文	竺可桢　著　施爱东　编

春秋战国思想史话	嵇文甫　著	
晚明思想史论	嵇文甫　著	
新人生论	冯友兰　著	
中国哲学与未来世界哲学	冯友兰　著	
谈美书简	朱光潜　著	
中国古代心理学思想	潘　菽　著	
民俗与迷信	江绍原　著	陈泳超　整理
佛教基本知识	周叔迦　著	
儒学述要	罗　庸　著	杜志勇　整理
希腊漫话	罗念生　著	
佛教常识答问	赵朴初　著	
大一统与儒家思想	杨向奎　著	
孔子的故事	李长之　著	
西洋哲学史	李长之　著	
乡土中国	费孝通　著	
社会调查自白	费孝通　著	
经学常谈	屈守元　著	
墨子与墨家	任继愈　著	
汉化佛教与佛寺	白化文　著	
中西之交	陈乐民　著	

出版说明

“大家小书”多是一代大家的经典著作，在还属于手抄的著述年代里，每个字都是经过作者精琢细磨之后所拣选的。为尊重作者写作习惯和遣词风格、尊重语言文字自身发展流变的规律，为读者提供一个可靠的版本，“大家小书”对于已经经典化的作品不进行现代汉语的规范化处理。

提请读者特别注意。

北京出版社